APPARITIONS

HISTORIQUES,

Par M. La Porte,

AUTEUR DU PÉLERINAGE EN ITALIE ET D'IVELINA.

PARIS.

CH. VIMONT, LIBRAIRE-ÉDITEUR,

GALERIE VÉRO-DODAT.

—

1832.

Y

APPARITIONS

HISTORIQUES.

IMPRIMERIE DE AUG. AUFFRAY,
PASSAGE DU CAIRE, N° 54.

APPARITIONS

HISTORIQUES,

Par M. La Porte,

AUTEUR DU PÉLERINAGE EN ITALIE ET D'IVELINA.

PARIS.
CH. VIMONT, LIBRAIRE-ÉDITEUR,
GALERIE VERO-DODAT.

1832.

PRÉFACE DE L'ÉDITEUR.

.... De l'imprimerie de Auguste Auffray.

Ch. Vimont, éditeur, rue.....

Or, vous comprenez, n'est-ce pas ? vous comprenez. Nous ne répondons de ce recueil qu'à ces titres. L'auteur est là : jeune ou vieux, droit ou le dos plié, mais tête horizontale.

Pour nous, quelles sont les convictions, quelles sont les doctrines que ces *Apparitions* reproduisent ?

Celles de l'ordre et de la liberté? de l'ordre sans liberté? de la liberté sans ordre? nous ne savons.

En vérité, nous ne savons pas d'avantage si ces *poe-metti*, qui ne sont pas en prose, sont au thermomètre de la poésie de l'Empire, de celle de la restauration ou de la *renaissance*.

En beaux vers, avec le hausse-col, se pavanant deux à deux?

Sans façon, à quart de rime, comme les cinq actes de M. V..?

A sonnettes, et torturés comme les.... Nous avons oublié les titres.... n'importe... comme les...de MM. A... ou de Z..., toujours tenace à la particule?

Ou bien, dans ces douze feuilles in-8°, y a-t-il là, quelquefois, de loin en loin, par éclairs, peut-être jamais, y a-t-il du Barthélemy, de l'Écouchard, de l'André? Nous l'ignorons, vrai! nous l'ignorons.

C'est chose précieuse que la liberté de la presse! mais

à la façon dont ces braves gens l'interprètent, mais à la manière dont ces messieurs l'entendent, est-il permis à l'imprimeur, est-il licite à l'éditeur de lire? On vous le demande.

Notre mandat était de mettre sous les yeux du public le manuscrit qui nous était confié : nous nous sommes bornés à le remplir.

Mai 1832.

APPARITIONS

HISTORIQUES.

─────────────────

Louvel.

What's he fellow?

SHAKSPEARE.

« Que je les hais! Un jour, qu'un seul jour je les voie
» Chassés, errans encor, je mourrai de ma joie!
» Tout le courroux d'un peuple à longs flots amassé,
» Comme un torrent sans digue en mon cœur a passé.
» Que je les hais!... Et là? toujours là? quel supplice!
» Le ciel de tant d'opprobre est-il donc le complice?

I

» Ou , plus lent à punir... Oui , peut-être qu'il faut
» Qu'une tête de roi pare encor l'échafaud. »

En sons inentendus ces fureurs exhalées
Du jardin de le Nôtre ont troublé les allées :
Elles partaient d'un homme ; et son œil menaçant ,
Lorsque sa voix se tait , son œil parle. Glissant
Dans l'ombre , il détournait ses pâles rêveries
Des pelouses que l'air du nord a défleuries ,
Mais , dans un soir d'avril , jeunesse ni beauté ,
Les plus belles des fleurs, n'auraient point arrêté
Ses pas ; et tout à lui , seul vaguant , le silence ,
Sous le dôme appauvri qui sur lui se balance ,
Se mêle peu d'instans à ce penser profond
Et fixe , qui l'obsède et le suit. — « Que me font
» Les bruits de l'avenir, et l'éloge ou le blâme ,
» Et le fer en triangle ? Ils me diront infâme !
» Et le nom de mon père, abandonné des miens ,
» Au nom de Ravaillac, à celui de Damiens ,
» Ils vont l'associer !... Gardons une espérance !
» Non , le sommeil n'est point la mort... Et si la France
» Se réveillait enfin !... Advienne que pourra !
» Je mourrai..., mais l'un d'eux, au moins l'un d'eux mourra. »

Et sa main, sous la toile et près du cœur cachée,
Au manche d'un poignard restait comme attachée,
Et le pressait encor... Mais aussi, qui pensa
Jamais, que sur ce globe où le sort nous lança..
Dans quel but, savez-vous? Pour moi, je ne puis taire
Qu'il ne m'est pas encor révélé... ce mystère :
Quel fol crut donc jamais que femmes ou chevaux,
Qu'un triomphe éclatant sur cinquante rivaux,
De l'or, à flots de l'or, ou des flots d'un champagne
Ruisselant sous la main que la grâce accompagne,
Valussent un poignard?... Quel ami qu'un poignard!

Et qui, s'il avait pu, de son fauve regard,
Où la raison combat les transports du délire,
Jusqu'à son cœur plonger, le pénétrer et lire,
Qui n'aurait lu ces mots?... —Il le sentira mieux !
Qu'un instant son destin l'arrête sous mes yeux !
Que je le puisse atteindre!.....

                        Autour de lui, bruyante
La foule, cependant, toujours insouciante
De sa faim de demain, frappait les airs émus
De cris où se mêlaient aux grelots de Momus

Masques et dominos, lazzis, bons mots des halles,
Car c'était le dimanche aux folles saturnales
D'un culte usé... Voilà qu'avec lui l'entraînant
Hors du royal jardin, le groupe bourdonnant
L'a poussé vers la place où la peur doctrinaire
Croit voir de la Terreur le spectre sanguinaire
Planer encor depuis nos trois jours; et voilà
Que le guide d'un char a crié : gare là !

Mais lui, comme saisi d'une fièvre subite,
Restait sourd, et ses yeux roulaient dans leur orbite.

Dans ce char élégant une femme... oh! quels traits !
A-t-on vu, dites-moi, briller de plus d'attraits
Les filles de Venise ou de l'Andalousie,
Celles qu'attend l'eunuque aux harems de l'Asie,
Et vous, vous que reçut le saint lit de nos rois?
Non, depuis Pompadour, depuis Cotillon trois,
Aux caprices obscurs long-temps si peu rebelle,
Nulle à des yeux royaux n'aurait paru plus belle.
Et si, pardonnez lui, lorsque, avec tant d'appas,
Il est en un, un seul que son front blanc n'a pas.

Est-ce là votre goût? moi, j'aime à la folie
Une taille de guèpe, une jambe jolie,
Un pied nain, des yeux bleus avec des cils biens longs,
Des cheveux d'un beau noir, ou châtains, même blonds;
Des dents d'un pur émail, une joue où respire
La rose, et ce parler de flûte qui soupire,
Et ce parfum de grâce, ineffable trésor,
Et pourtant, ô pudeur, je t'aime mieux encor.

Quelle altesse jamais eût maîtresse infidèle!
Mais du moins un ami peut se raprocher d'elle.

— Pas ce soir, à demain, dit-elle, à l'élégant
Qui près de son landau, caressait de son gant
Du col d'un normand bai la mouvante crinière.
Et le dandy, tout triste : — Etes-vous prisonnière!
Quoi! ce n'est que demain, demain qu'on vous verra?
— Que voulez-vous? ce soir, il vient à l'Opéra.

Courtisane de prince est toujours trop connue.
Deux mots, comme l'éclair qui déchire la nue,

Frappent l'homme au stylet : *A l'Opéra, ce soir !*
— C'est donc lui, se prit-il, car c'est-elle. S'asseoir
Dans un coin de la salle... ou debout... à la porte,
Ne pourrai-je l'attendre ? oui, j'attendrai qu'il sorte.

Et de son front l'ennui semble s'être éclipsé ;
Et l'aîle de Satan sur sa lèvre a glissé.

Alors se dégageant de l'épaisse cohue
Qui toujours va grondant, et qui siffle, et qui hue,
Plein d'un espoir de sang, il ramène ses pas
Vers le bouge... où sa nuit ne se passera pas.

S'il est dans l'existence une heure, une heure horrible,
C'est celle où le remords de sa flèche terrible,
Jusqu'alors inconnu, pénètre dans le sein
Comme à minuit le fer aigu d'un assassin.
Torture de damné, vautour qui de sa proie
Tordant les chairs, humant le sang, rongeant le foie,
N'assouvit sa fureur ni sa soif, ni sa faim ;
Supplice qui renaît et qui n'a point de fin.

Du ciel ou de l'enfer s'il n'est point le ministre,
Pourra-t-il échapper à cette heure sinistre ?

C'était un ouvrier pauvre, que dans ses murs
Versaille avait nourri chez des parens obscurs.
Maintenant dans Paris, ignoré prolétaire,
Le pain qui lui suffit, l'eau qui le désaltère,
Sont dûs à ses sueurs de chaque jour; et quand
Finit sa tâche, ou bien quand le travail manquant
Le laisse un moment libre, il lit... *Les droits de l'homme*,
La Constitution de l'an trois... et ce tome
De Rousseau, le Contrat social, rien de plus.
Il est quelques auteurs que, plus jeune, il a lus;
Quelques faits sont restés empreints dans sa mémoire;
Elle garde des noms qu'a mis à part l'histoire,
Les noms d'Harmodius et d'Aristogiton,
Celui de Scévola, du gendre de Caton,
De Strozzi qui, déçu dans sa noble espérance,
Ne put des Médicis débarasser Florence,
Et d'autres plus récens, plus grands; noms immortels,
A qui la république eût dressé des autels.
Aussi depuis le jour où tel qu'un vieux molosse,
De dogues assailli, succombait le colosse :
Depuis le jour néfaste où le sort de César
Brisant le nom, l'épée, et l'essieu de son char,
Infligeait à la France une race chassée,
Louvel, car c'était lui, n'eût plus qu'une pensée.

Ce n'est pas que, par fois, contre son noir dessein
L'horreur du sang versé ne grondât dans son sein :
— *Tuer un homme ! aller l'attendre, et, par derriere,*
Enfoncer d'un couteau la pointe meurtrière !
Ça fait mal, cette idée !... Elle eût pu retenir
Sa main... Arrêts d'en-haut, comment vous prévenir ?
Tout est-il donc écrit dans une vie humaine ?
A son projet sanglant chaque instant le ramène.
Balotté sur l'écueil dont il voit le danger,
Il voudrait fuir ; il fuit sur un bord étranger,
Et se laissant aller où son destin l'envoie,
Il a passé l'Isère et franchi la Savoie,
Et, sans doute, aperçu dans Porto-Ferraro
Celui dont sir Hudson doit être le bourreau.

Roi, frère et fils des rois, vous tous qu'attend le trône,
Garde à vous ! s'il revient, la mort vous environne.

De retour, sa fureur de retour avec lui,
Jamais depuis cinq ans, jamais un jour n'a lui,

Un seul jour, je l'ai dit, sans que sur sa pensée
Ne retombe le plomb dont elle est oppressée.
Mais le trait qu'à sa plaie il ne peut arracher,
Dans les replis de l'âme il a su le cacher.
Point de parens, d'amis ; tout peut trahir ; personne
N'a son secret ; nul être au monde ne soupçonne
L'attentat dont il a méconnu le remord ,
Et qu'un neveu de roi , ce soir, tombera mort.

Et comme le remords toute crainte est bannie.
Que craint un bras levé contre la tyrannie ?
Et lui , sous le flambeau des infernales sœurs ,
Ne voit dans les Bourbons que de vils oppresseurs ;
Des traîtres qui, vingt ans , ont contre la patrie
Des peuples et des rois ameuté la furie ;
Des mannequins huilés que deux fois ont vomis
Sur notre sol sacré six cents mille ennemis ;
Des cadavres vivans qu'en un jour de colère
Jetterait à Portsmouth le torrent populaire.
Et vrai ! rien qu'à leur nom, frémissant de courroux ,
Il n'a qu'un seul regret : *Comment les tuer tous ?*

« — D'autres feront le reste, a-t-il dit, ou la France
» N'aurait qu'un fils ému de sa morne souffrance ;
» Ou ce peuple si grand, de sa hauteur tombé,
» Toujours tiendra son front sur la glèbe courbé...
» Il se peut, toutefois. Aisément l'esclavage
» De ses poisons dorés infiltre le ravage.
» Aujourd'hui des rubans et l'or seul ont un prix.
» Mon noble dévouement ne sera point compris.
» Autres dieux, autre culte... Et tandis que la Grèce
» Eût annobli ce jour comme un jour d'allégresse ;
» Que Rome, applaudissant de civiques vertus,
» Eût dit : ce plébéïen est du sang des Brutus,
» Paris va me livrer aux longues agonies,
» Et mes os, à Clamart, auront leurs gémonies...
» De la liberté sainte indignes avortons !
» Et je mourrai pour eux !... L'heure approche... Sortons. »

Et quatre heures après, Clermont, Bellart, Decases
Fesaient au meurtrier de lamentables phrases :
Lui demandaient pourquoi, méchant et déloyal,
Portant un fer pointu sur l'héritier royal,

Il le venait d'occire… Et lui , sombre et farouche
Encore, répondait : — *Pour abattre la souche!*
Et peut-être qu'un jour on me pardonnera
D'avoir troublé, ce soir, la fin de l'Opéra.

Novembre 1831.

NOTES.

..... Il lit... Les droits de l'homme...

La Constitution de l'an trois...

Interrogatoire à la cour des Pairs.

Tuer un homme! aller l'attendre, et par derrière...

Interrogatoire.

..... Comment les tuer tous?

Interrogatoire.

..... Pour abattre la souche!

Interrogatoire.

MASANIELLO.

※

Dal volgo pria dell'alme a lui conserve
Si spicca, e poggia a libertà che il chiama.

ALFIERI.

※

MASANIELLO.

Un soir je revenais de Pesto. La péote,
Que j'avais prise à Naple, approchant de la côte,
Le *padrone* amena la voile, et le giron
Du vieux fort d'Amalfi s'ouvrit à l'aviron.
Il me dit : — « 'Cellenza, vous voyez, le jour baisse,
Le sciroco se lève et la brume est épaisse ;
Si vous voulez aller jusqu'à Castellamar,
Quand nous arriverons il sera tard, bien tard.

2

Faut-il point amarrer? Cet avis est-il vôtre? »
Or, moi qui ne me sens pas plus brave qu'un autre
Sur terre et moins sur mer, je lui demandai si
Nous pourrions héberger dans Amalfi. — '*Gnor si.*

Sur ce, de la péote alors nous descendîmes,
Et dirai-je d'abord ce que... ce que nous vîmes?...
Je dis nous, je le dois, car un sort moins jaloux,
Moins dur, me permettait encor de dire nous.

C'était pitié, pitié. Partout, sur ces rivages
Si beaux, gens demi-nus, gens à demi sauvages,
Hâves de faim, qui tous, oui tous, en longs refrains,
Renvoyaient à l'écho : *grani! grani!* des grains!
Des grains de cuivre! Et là, jadis un vaste échange
Ramenait, pavoisés, de l'Afrique et du Gange,
Mille vaisseaux; et l'or, à flots long-temps coula
Dans ces murs... Mais un maître a posé le pied là...
Et sur ces bords flétris, déplorable repaire,
Ses yeux..... s'étaient mouillés comme ceux de son père.

Nous trouvâmes enfin un gîte... En faire fi?
A d'autres, s'il vous plaît. Et qui, dans Amalfi,

Ne prend ce qu'il rencontre? En Espagne, en Sicile
Surtout, ne soyez pas non plus trop difficile.

Et puis, ces bonnes gens, malgré leur pauvreté,
Mettaient à mince prix leur hospitalité.
Et la brune Gianna s'excusait, et sur l'ame
Du grand san Gennaro jurait que si la lame
Eût été moins houleuse, elle nous eût donné
Du fraix *frutta di mar*, de poivre assaisonné.
—*Mà,* depuis ce matin, sud-est! temps détestable!
Ajoutait Raphael; et posant sur la table
La *polenta* classique, et des noix, et de l'eau :
—C'est tout ce qu'a chez lui *Raffael' Aniello*.

A ce nom de notre hôte, un souvenir rapide
Porta de mes regards l'attention avide
Sur le jeune pêcheur et sa femme. Étaient-ils
D'un roi de quelques jours les fils, les petits-fils?
Ils l'assuraient du moins... Comment ne pas les croire,
Quand elle, ou lui, du fond d'une poudreuse armoire,
Tira ce manuscrit aux feuillets vermoulus,
En pur napolitain, qu'après souper, je lus?

7 — 16 JUILLET 1647.

Non, non, ce n'était pas un groupe de rebelles
Qui criait : liberté ! plus d'impôts ! de gabelles !
Mais dans Naples debout, de fureur transporté,
Un peuple, à cris sanglans : plus d'impôts ! liberté !
A bas !... Et comme lui, vieillards, enfans et femmes
Recouraient aux pavés, aux brandons ; et des flammes,
Sur le vieux *Mercato*, les épais tourbillons
Déjà de l'air allaient obscurcir les sillons.

Et dans cet ouragan , populaire tempête ,
Quel pilote , quel chef surgissait à leur tête ?
Dites , quel est celui que les cent mille voix
De ce peuple appelaient sur l'orbe d'un pavois ?
Celui dont le pied nu s'empreint dans la poussière ?
Celui qu'à peine couvre une laine grossière?
Dont un grossier bonnet cache les noirs cheveux ?
Et qui bientôt va dire au vice-roi : je veux !

C'est un jeune pêcheur que sa barque promène
Sur les eaux d'Amalfi , large et glissant domaine.
Mais à Naples , le jour , le jour où les suppôts
D'un pouvoir oppresseur vinrent frapper d'impôts
Ces fruits, dons savoureux du golfe tributaire,
Son orteil méprisant en a jonché la terre ;
Et l'*Eletto* surpris , les sbires effrayés
Fuyaient... d'un pas moins lent que s'il les eût payés.

A ce geste qu'on imite ,
Quelle fureur sans limite

Dans tous les cœurs a passé !
Sus! aux armes, peuple! et comme
Parti du sein d'un seul homme,
Ce long cri semble poussé.
Et des bords de Mergelline,
Et du coteau qui s'incline
Jusqu'à Mont Oliveto,
La foule, de rue en rue,
Accourt, s'accroît et se rue,
Dans le vaste Mercato.

Naples a déjà pris une face nouvelle.
Sous l'habit d'un pêcheur un tribun se révèle ;
Tribun d'un esprit ferme et d'un grand cœur doué ;
Orateur de forum que Rome eût avoué ;
Qui met sa tête en jeu, lorsque sa voix puissante
A l'oreille d'un maître arrive menaçante,
D'un peuple aux pieds foulé revendique les droits,
Et fait craquer la planche où sont assis les rois.

Écoutez! écoutez! de ce rostre où s'élance
Le pêcheur d'Amalfi , part l'ordre du silence.

—Peuple ! peuple ! c'est quand Espagnols et Germains
Sont morts, ou fugitifs, ou tombés dans nos mains ;
C'est alors que, déjà faussaire et sacrilége,
Le duc, de Charles-Quint promet le privilége ;
Mais le vrai, cette fois, rien de plus assure,
Car l'archevêque saint l'a, sur la croix, juré.

Et le duc, des remparts, où sa terreur l'enferme,
Le rendra, me dit-il, si j'entre dans Saint-Erme.
Je m'y rends. Quel besoin de l'en faire avertir !
J'ose entrer au château dont il n'ose sortir.
Mais si... que nul de vous, amis, ne se méfie !
Qu'importent quelques jours à qui les sacrifie !...
Mais si, quand l'heure aura sonné, le vice-roi
Osait me retenir un moment... vengez-moi !

                Alors, que Dieu leur pardonne !
                Tous jurent par la Madone,
                Par le Saint, que si leur chef
                Dans la royale demeure
                Est retenu plus d'une heure,
                Le duc paierait ce méchef ;

Et que, de foux entourée,
Naples serait dévorée,
Comme Naples le serait,
Cette nuit, où de sa cuve
En s'échappant, le Vésuve
De laves l'embraserait.

Mais Filomarini, qui près de lui s'empresse,
De paroles de miel le flatte et le caresse;
Du noble duc d'Arcos reproduit les sermens;
L'engage à déposer ces humbles vêtemens
Du peuple, et lui remet ceux que le duc envoie:
Les brodequins brodés, le bleu manteau de soie,
Et la toque en velours que surmonte un rubis...
Ah! Thomas Aniello, pourquoi changer d'habits!

— Seigneur, dit Tomaso, sous son nouveau costume,
Seigneur, d'un cœur navré vous calmez l'amertume.
Certes je ne crois plus, puisque vous l'assurez,
Que ces trente bandits contre moi conjurés,
dont le pied des chevaux arriva jusqu'aux dalles
Del Carmine, du duc avaient reçu leurs balles.

Non, je ne le crois plus. Marchez donc, je vous suis,
Monseigneur, car je sais toujours ce que je suis.

De ses clameurs le peuple alors les accompagne :
Vive Masaniello! vive le roi d'Espagne!
Et vive l'archevêque!... et même, sans effroi
De l'avenir, ce cri : vive le vice-roi,
Frappait l'air .. Pauvres gens! partout même folie!
Serf, esclave, martyr, partout le peuple oublie
Qu'un roi, qu'un vice-roi, toujours lâche et trompeur,
Promet tout, jure tout, au moment qu'il a peur.

Et quand le pêcheur se montre
Dans Saint-Erme, à sa rencontre
Qui donc accourt... par devoir?
Le duc... noble courtoisie!
La vice-reine est choisie
Pour venir le recevoir.
Malgré la morgue espagnole,
Elle aussi jouera son rôle :

Un peu d'art n'est point honni.
Qu'un *rinfresco* se prépare!
Amusez, flûte et guitare,
Un chef... de Lazzaroni!

Où la force a faibli, l'astuce tend le piége.
C'est entre deux grandeurs que ce chef trouve un siége,
Et qu'il dit : — « Messeigneurs, me voici près de vous.
De cet excès d'honneur devrais-je être jaloux?
C'est la nécessité, souveraine maîtresse,
Qui m'a fait de ce peuple exprimer la détresse;
J'ai parlé le premier, mais croyez-vous qu'enfin
Le poids de durs impôts n'eût pas armé sa faim?

Ce qu'un peuple demande, est juste. Je l'avoue,
Trop souvent de ses vœux la fortune se joue.
A son destin fatal il ne peut échapper...
Mais qu'ai-je à craindre, moi! Quel coup peut me frapper!
Que d'un peuple aux abois la souffrance s'allége,
Seigneurs; de Charles-Quint rendez le privilége!
Et trop heureux alors, du seuil de ce palais,
Si Tommaso s'en va reprendre ses filets.

C'est tout ce que je veux, monseigneur. » L'Excellence
D'un vernis imposteur plâtre la violence
Du courroux dont son œil malgré lui s'est armé.
Son front de courtisan sait prendre un air charmé ;
Et la duchesse encor : — « Vous avez une fille ?
Déjà, trois jeunes fils? chère et douce famille !
Votre femme... sa grâce égale sa fraîcheur...
Vous la présenterez, j'espère... » — Et le pêcheur...

Dites-nous si de la cîme
Des Alpes, au front sublime,
Grondent les bruyans carreaux ;
Si, de leur loge prochaine,
Ours et lions qu'on enchaîne,
Ont su briser les barreaux ;
Si de la digue importune
Qu'on oppose à ce neptune,
Le Dieu s'est déprisonné;
Ou, si la trompette sainte
A retenti dans l'enceinte
Du château... L'heure a sonné.

Et comme Rome entière au sacré Capitole,
Tout ce peuple, à hauts cris, réclamait son idole :
Masaniello ! Le chef ! Le chef ! Masaniello !
Et Naple, et cieux, et mers criaient : Masaniello !
Et le duc, dans l'émoi qui le brûle et le glace,
Dans la fièvre de peur qui le cloue à sa place :
— Ah ! seigneur, montrez-vous à ce peuple irrité,
Montrez-vous, parlez-lui, le voilà, le traité !

C'est alors qu'au balcon du château de Saint-Erme,
Masaniello debout : — « Le malheur a son terme.
Peuple ! La paix ! Voilà le privilége, amis !
De sa royale main, le duc me l'a remis.
Le duc veut désormais que son pouvoir prospère
Vous montre au vice-roi moins un maître qu'un père.
Allez donc ! que chacun, jusqu'où ma voix s'entend,
En silence, armes bas, se retire à l'instant ! »

A ta voix, Dieu des juifs, si la mer frémissante
Se retira plus prompte et plus obéissante,
C'est qu'un Dieu lui parlait... Et tous, dans le palais,
Le couple mi-royal, courtisans et valets,

Et l'archevêque aussi, l'archevêque environne
D'honneurs, de respects vrais ou feints, ce lazzarone ;
Et même l'on prétend, qu'à l'un de ses hérauts
Le duc, transporté, dit : cet homme est un héros !

Mais voyez, damasquinée,
La table se couvre, ornée,
De sorbets, de fruits, de fleurs.
Champ brillant où trois déesses,
Rivalisant de largesses,
Ont diapré leurs couleurs ;
Où les feux de cent bougies,
Comme aux royales orgies,
Se mêlaient aux doux accords :
Où d'Ischia, de Salerne,
Et de Chypre le falerne
Dans l'or coulait à pleins bords.

A-t-il bu ? Dans le fond de la coupe dorée
L'imprudent laissera sa raison égarée.
Un pêcheur se vend-il comme un pleutre des cours !
— A des moyens plus sûrs il faut avoir recours.

Un sujet révolté! Quoi donc? N'est-ce pas juste?
Oui, de l'eau de Pérouse et la main de Locuste!
Puis, c'est son roi qu'on sert... Quel roi ne s'est permis
Le fer ou le poison sur de vils ennemis?

Hélas! le malheureux a la preuve en ses veines,
Cette preuve qu'un roi, s'il a des craintes vaines,
Des scrupules jamais. Hors de lui, menaçant,
Terrible, le tribun ne veut plus que du sang.
Un geste? un mot? La mort. Au courroux qui l'anime,
Quel est ce furieux? un tigre? un ... légitime?
Qui chassé, qui banni, revient et dit qu'il faut
En masse mitrailler; c'est si lent, l'échafaud!

Et depuis le moment où sa raison perdue
Méconnaît ses amis, sa famille éperdue,
Ce peuple qui d'amour, d'amour et de respect
L'entourait, le voilà fuyant à son aspect.
Le pêcheur d'Amalfi n'est plus son chef, son maître...
Le duc comprend alors ce qu'il peut se permettre,

Et de quatre assassins le bras déterminé
Frappait Masaniello du haut *del Carmine.*

Quoi! vils complices du crime,
Vous livrez de la victime
Le cadavre au vice-roi!
Mais demain sa tyrannie,
De Naples neuf jours bannie,
Vous verra pâles d'effroi.
Traîtres! Ingrats!... Sur sa tombe,
Ah! portez en hécatombe
Votre tardif repentir.
Qu'une couronne s'apprête,
Et posez-la sur la tête
Du Chef, du Saint, du Martyr!

Novembre 1831.

NOTES.

..... Et là, jadis un vaste echange...

Amalfi, città allora mercantile al sommo, piena di oro,
piena di popolo e di navi.

MURATORI, AD ANN. 1072.

..... De l'Afrique et du Gange.

Hic Arabes, Indi, Siculi noscuntur, et Afri;
Hæc gens est totum propè nobilitata per orbem,
Et mercata ferens, et amans mercata referre.

GIGL. APULUS, CIT PAR MURATORI.

Du train *frutta di mar.* .

Poisson de mer, fruits de mer.

..... Plus d'impôt! de gabelles.

Fuora gabelle! Giù! giù!

Et l'*Eletto* surpris. .

Officier de police.

. . De ce rostre, où s'elance. .

Salito soprà una tavola... (era bel parlatore...)

MURATORI, AD ANN. 1647.

3

..... C'est quand Espagnols et Germains...

Mille Allemands et huit cents Espagnols... *Il popolo... ne uccise alcuni, altri menò prigioni, e dissipò il resto.*

MURATORI.

.. . Si j'entre dans Saint-Erme.

Sant Elmo ou *Sant Ermo;* château fort où le vice-roi s'é— rait réfugié.

Par le Saint...

Saint Janvier, le saint par excellence.

Mais Filomarini..

Le cardinal don Ascanio Filomarino, archevêque de Naples. Les historiens ne l'accusent point de complicité avec le duc d'Arcos. Il ne servit que d'intermédiaire. *Suum cuique.*

Que ces trente bandits...

Ce fut au milieu de l'église du Carmine... que le duc d'Arcos fit faire une décharge d'arquebusiers sur Masaniello et les siens.

SISMONDI, *hist. des rèp. ita.*

Vous la presenterez, j'espère...

La femme et même les sœurs de Masaniello reçurent le meilleur accueil à la cour du vice-roi.

Ah! *Seigneur*, montrez-vous...

Il fut traité d'*illustrissimo*.

Ouı , de l'eau de Pérouse et la main de Locuste!

L'*aqua tofana* ou l'eau de Pérouse.

... Du haut *del Carmine.*

A l'un des balcons du couvent; il existe encore.

Traîtres! ingrats!

Ah! traditori! ingrati! ce furent les derniers mots de Masaniello.

Le cadavre au vice-roi!

Sa tête, au bout d'une pique, fut portée au duc d'Arcos.

... Et posez-là sur la tête
Du chef..

Ce qu'ils firent et ce qu'ils dirent.

Le portrait de Masaniello et celui de sa femme sont dans la galerie du cardinal Fesch, à Rome.

Riego.

※

Virumque cano.

VIRG.

※

RIEGO.

Vous voyez : ce n'est pas Athène ou Rome antique
Qui va fournir un texte à mon vers romantique.
Ma muse a des héros qui ne sont pas issus
Des héros qu'abreuva le Tibre ou l'Ilyssus.
Si dans le vaste drame où chacun trouve un rôle,
Mon avril admira leur grandeur sur parole,
Que de mois ont coulé depuis, que d'ans passés !
Leurs vieux traits à mon œil ne viendraient qu'effacés.

Peintre, j'aurais voulu pour mes crayons fidèles
De locales couleurs et de flagrans modèles,
Qui, du sapin des morts décloués près de moi,
M'eussent dit, se levant : nous posons devant toi.
Que par les vents du nord les vagues entraînées
N'arrêtent point ta barque aux pieds des Pyrénées,
Poète ! et tes huitains, promis à l'Elzevir,
Couleront près du Tage et du Guadalquivir.

1er JANVIER 1820. — 7 NOVEMBRE 1823.

Oh! quel jour! quel beau jour! Vous ne pourrez le croire.
Où vous étiez donc là. Cris, fanfares de gloire,
Arcs de triomphe, airain grondant, et, sous les fleurs.
Ogives et balcons pavoisant deux couleurs :
Puis, sans qu'un *Serano* dès l'aube le réveille,
Tout Séville quittant Séville, la merveille
De l'Espagne ; et c'étaient les femmes, les enfans
Qui, surtout, se pressaient sur les pas triomphans

Du héros. Mais aussi, malgré le bruit des armes,
Ce triomphe énivrant ne coûtait point de larmes.
Les mères n'allaient pas, de leurs regards plombés,
Redemandant leurs fils au champ d'horreur tombés;
Les fils, leurs pères morts. Et sans noires mantilles,
Et bas les bruns manteaux, *majos* et jeunes filles,
Mandores, boleros!... Oh! jamais le Bétis
Vit-il tant d'yeux si grands et de pieds si petits?

Un seul homme accusait le sort. Veuf de deux reines,
Janvier l'avait doté de fâcheuses étrennes :
Quand deux lunes de miel avaient suivi le jour
Où l'hymen, rappelé dans son royal séjour,
Charmait ses douces nuits, la fortune jalouse
Venait des bras saxons de sa troisième épouse
L'arracher, le forçant à se dire *in petto* :
Hombre! que veulent-ils encore *al rey netto?*

Ce qu'ils voulaient? Un roi peut-il donc le comprendre?
A d'unanimes vœux quel roi vit-on se rendre?
Au premier cri parti de l'île de Léon,
Barrière que ne put franchir Napoléon,

Comme l'air enflammé répond à la capsule,
A ce cri répondait toute la Péninsule ;
Et malgré les échos, partout retentissans,
Il les croyait toujours... pauvre homme! quinze cents !

Mais de Las Cabezas, de Ronda, de Séville,
Le pannon des Cortès flottait de ville en ville,
Et des neveux du Cid, comme en leurs bras porté,
Un Rodrigues plus grand s'avançait escorté...
Plus grand ? On peut le croire. Où donc la gloire est-elle ?
Tressez de l'arbre saint la guirlande immortelle !
Qu'elle s'attache au front de celui dont les rois
Auront dit : le rebelle ! il attaque nos droits !

Non, ce n'est pas leurs droits qu'il attaque et qu'il blesse :
C'est l'appui de son bras que prête à la faiblesse
Du peuple, un nouveau Tell, de l'acier des bourreaux
Menacé, mais voilà la gloire et le héros !
Car, habile joueur, enlever des murailles,
Apprêter aux vautours de larges funérailles,
S'emparer des états, des peuples en courant,
La gloire n'est pas là.. c'est l'art d'un conquérant.

Et le libérateur, sans fer, pavois ni lance,
Pacifique vainqueur, se montrait... Et Valence,
Tarragone, Alcala, Huesca, Valladolid,
Saragosse, Léon, Burgos où dort le Cid,
Prodiguaient les honneurs dont la cité des Maures,
Hispal l'avait comblé sous ses frais sycomores,
Et dans Madrid enfin le superbe Hidalgo
Allumait le cigarre à celui de Riego.

Dans les vierges forêts, sur les vastes rivages
Qu'à peine ont exploré quelques tribus sauvages,
Plus loin que l'Orénoque ou le Mechsacebé,
Aux mains d'un ennemi qu'un ennemi tombé
Se souvienne, qu'un soir, le terrible adversaire,
Qui du fer le menace et dont le pied le serre,
L'a reçu dans sa hutte, ou qu'un feuillage épais
Les vit, tous deux, fumant le calumet de paix,

Il vivra... Que celui qu'un peuple entier regarde
Et voit d'un œil d'amour, que celui-là se garde!
Son triomphe d'un jour aura son lendemain;
Car une main de roi s'empara de sa main;

Car, stylé de bonne heure à plier sous l'orage,
Un roi vernit son front, et sa haine, et sa rage;
Et, lâche! alors qu'il dit : ami, viens dans mes bras!
Cette étreinte et ces mots ont ce sens : tu mourras!

Voyez-vous? du nord-est, précurseur du tonnerre,
L'éclair a lui. Quels cris ont ébranlé *la pierre*,
La piedra, table sainte, obélisque nouveau,
Qui, pour hyéroglyphe est empreint d'un niveau?
Et soldats de la foi, milice assermentée,
Et moines, sous le froc horde enrégimentée,
Déjà sont ralliés pour l'abattre; et déjà
Pâlit la liberté que la France outragea.

La France! aveu cruel! Que ne puis-je me taire!
La France... se nouant d'un cordon sanitaire!
La France s'obombrant des couleurs de la foi!
Oh! si ma voix gravit jusqu'à vous, dites-moi,
Colosses des grands jours, vous tous, troupe immortelle,
Vous, qu'à rapetissés Thiers après Lacretelle,
Mais dont le souvenir, plongeant dans vos tombeaux,
Revoit les traits encor pleins de vie et plus beaux,

Dites-moi : pensiez-vous que la France honnie,
Descendrait pas à pas à cette ignominie
Jusqu'à lancer, un jour, de Bayonne à Cadix,
Contre la liberté vos fils abâtardis ?
Que, bardé de lauriers que la valeur repousse,
Leur chef marchanderait la gloire avec le pouce ?
Qu'ils iraient, sous le knout d'un béat argousin,
Eux, Français, aumôner d'un sceptre son cousin ?

Ah ! frères, ce n'est pas vous, certes, que j'accuse.
Notre commun malheur, quelle suprême excuse !
Eh, dans la mare impure où l'état fut plongé,
Tant d'avilissement, qui ne l'a partagé !
Vous obéissiez, vous ! Et nous, bétail d'esclaves !
Soldats, oh ! s'il est vrai que toujours les plus braves
Ne veulent se frayer que de nobles chemins,
Que maudit soit le jour où Riego dans vos mains

Tomba !... Qui peut vouloir d'un odieux partage !
L'enfant que désaltère encor l'Ebre ou le Tage,
Lui-même, un jour, croira que les vils assaillans,
Qui traquaient le héros, n'étaient point Castillans.

Si des bois, si des rocs de la Sierra, la fauve
Implore dans sa fuite un abri qui la sauve,
Ses frères mugissans ne la jetteraient pas
Dans les rets des chasseurs fourvoyés sur ses pas.

Mais de ses hurlemens quelle tourbe accompagne
Celui qu'un ordre écrit rend aux sbires d'Espagne !
D'Arguillas à Madrid que de sang dans les airs !
Tous les monstres d'Afrique ont-ils fui leurs déserts ?
De fer cadenassé, les cachots pour étape,
Les geôliers ont-ils peur que le captif n'échappe ?
Frémissent-ils d'entendre encor la Tragala ?
Rassurez-les : Madrid et des Français sont là.

Madrid, comme Paris, a des agens sinistres,
D'un pouvoir exécrable exécrables ministres ;
Types des Marchangy, des Persil, des Bellart,
Sauvages requérans, ils trouvent que la hart
Ne suffit pas ; qu'il faut, oui, leur fureur est telle,
Qu'il faut que l'étalon, que le fer écartèle
Les membres palpitans du félon qui, sans foi
Ni loi, voulait, ô ciel ! qu'on muselât un roi !

Et le Fiscal l'a dit... de sang-froid, sans démence....
Ne peut-on implorer la royale clémence ?
Comme l'autre, arrivant de Gand ou par Calais,
Le Bourbon d'Aranjuès rentre dans son palais.
Suppliez, à genoux, sa bonté paternelle.
L'autour peut abriter l'humble oiseau sous aile.
Peut-être, mitigeant l'arrêt déjà rendu,
Il dira : c'est assez que Riego soit pendu.

Et le Bourbon l'a dit.. Or sus, que tout s'apprête !
Soldats, prêtres, bourreaux, peuple, c'est votre fête !
Jamais de plus d'ardeur leur zèle ne brilla.
Déjà le patient est dans la *Capilla*.
Antre saint... Dante ! ô toi, dont ma jeunesse ardente
Dévorait, admirant, l'Inferno, sombre Dante,
Prête un de tes pinceaux et surtout ces couleurs
Que du vieux Gibelin ont détrempé les pleurs !

Il est un acte affreux, énorme, sacrilége ;
C'est l'acte qu'autorise encore le privilége
De ce culte qui vient, avant le châtiment,
Assaillir la victime à son dernier moment :

Qui veut, quand sous les plombs ou sur la pierre dure
Elle cherche une trève aux horreurs qu'elle endure,
Quand elle entend ses os et ses membres crier,
Devant un homme en croix la forcer à prier.

Et lui, durant deux jours de sa lente agonie
Peut-être aurait vaincu son horrible insomnie ;
Peut-être, succombant aux maux qu'il a soufferts,
Son sommeil n'aurait pas de réveil sous les fers ;
Mais, sur lui, de la mort comme brisant le râle,
Un noir prêtre se penche ; et creuse et sépulcrale,
La parole a suivi le geste de sa main :
— *Hombre*, réveillez-vous ; vous dormirez demain !

Demain ! qui sait ? Demain, si l'aube renaissante
Apportait d'un ami la voix retentissante,
D'une large poitrine un nouveau cri lancé...
Ne reverrait-on pas Cadix ou Valençay ?
Ou bien, sa majesté, pâle et fallacieuse,
Tendrait, plus humble encore, une main gracieuse ;
Et dérobant ton col à l'infâme trépas,
Toi Riego , toi, demain tu ne dormirais pas.

4

Vain rêve ! le matin surgit ; le beffroi sonne,
Et s'il est dans Madrid un cœur d'homme, il frisonne.
Car ce n'est plus le jour aux rayons adorés
Qui livrait l'avenir à des rêves dorés :
Le jour où sans manteaux bruns, sans noires mantilles,
De parfums s'enivraient majos et jeunes filles,
Le jour où, sous les fleurs, mandores, boleros,
La Tragala, la *Marche* annonçaient le héros.

Non, oh ! non... Et des airs un terrible message
D'un convoi cannibale a tinté le passage.
Soldats, noirs pénitens, cierges verts, croix de bois,
Et le glas en refrain aux sauvages abois,
Entendez, voyez tout !... Et ce corps, vaste plaie,
C'est celui du martyr promené sur la claie !
Il vit encor ; le cœur n'a pas encor cédé
Aux angoisses d'enfer dont il est obsédé.

Si, de là-haut, un homme, à l'œil patibulaire,
A vu le patient avec le scapulaire,
Demi nu, presque froid, dans l'osier enchaîné ;
Jusqu'à la *Cebado* par l'âne vil traîné,

Détournant, s'il le peut, sa lèvre méprisante
Du Dieu crucifié qu'un prêtre lui présente,
Et de la vie enfin déposant le fardeau
Sur l'horrible gibet, sans répondre : *credo* :

Qu'a-t-il cru, l'homme-tigre ?

O jours purs et prospères,
Où, candide, j'avais la foi qu'avaient mes pères !
Où je disais : c'est vrai, puisque cela se lit.
Et j'avais lu : « Néron n'est point mort dans son lit.
» Ses membres tailladés, cherchant leur sépulture,
» Aux murènes du Tibre ont servi de pâture,
» Après que du sénat les décrets inflicteurs
» L'eurent écorché vif sous le fouet des licteurs. »
Récits tronqués ! Néron n'a point vu Rome en cendre :
Dans le *Pudridero*, tout chauve, il doit descendre.

Si le bourreau, des mains du sbire ou du geôlier,
A reçu les Riego, les Lacy , les Porlier,
Mille autres , c'était juste. Aux rois , nobles images
Des dieux doux et bénins, quels seront vos hommages?
L'encens ne suffit pas... Des traîtres ont osé
Briser le joug heureux à leur front imposé!
Du trône et de l'autel secouant l'équilibre,
Des rêveurs ont voulu que l'Espagne fût libre !
Reçois, Mançanarez, comme un autre Acheron,
Leurs ombres!... Et portez des têtes à Néron.

Décembre 1831.

NOTES.

Il les croyait toujours...pauvre homme! quinze cents!

Don Raphael del Riego, à la tête de 1,500 hommes, proclama la constitution au village de Las Cabezas de San Juan

Celui qu'un ordre écrit rend aux sbires d'Espagne.

Le duc d'Angoulême donna , du Port Sainte-Marie, l'ordre de remettre Riego dans les mains des Espagnols.

..... d'entendre encor la Tragala?

Le *ça ira* espagnol... *Tragala , perio!* Gobe-la, chien! *(La constitution.)*

Deja le patient est dans la *Capilla.*

La chapelle ardente où le condamné subit quarante-huit heures de tribulations et d'agonie.

Si , de là-haut , un homme, à l'œil patibulaire.

L'auteur veut dire , sans doute , de la colline où le palais du roi, à Madrid, est situé; mais nous n'assurons rien.

Note des éditeurs.

Jusqu'a la Cebada.....

La place de Grève de Madrid. Sa majesté catholique la traverse quelquefois; ses fidèles sujets espèrent qu'elle finira par s'y arrêter.

Dans le Pudridero, tout chauve, il doit descendre.

Le caveau de l'Escurial où vont *pourrir*, morts, les rois d'Espagne.

FOULON.

Horribile visu.

VIRG.

FOULON.

————— o —————

N'ont–ils rien dans leurs traits, rien de patibulaire ?
 D'autres ont pu voir, à leur dam,
Si, fleuve débordé, le courroux populaire
 A pour dunes le fort de Ham.
C'est qu'au délit le peuple, appliquant la vengeance,
 Fait souvent fi de la prison ;
C'est qu'il n'a pas toujours des verdicts d'indulgence
 Pour le traître et la trahison ;

C'est que, tenté long-temps, son désespoir se lasse ;
    Et qu'enfin maître de leur sort,
Il traîne, pantelans, les Prina sur la place,
    Et les-juge en dernier ressort.
Je l'ai vu. Mais faut-il d'étrangères annales
    Remuer les sanglans débris !
Pourquoi, sans recourir à des notes banales,
    Ne point narrer ce qu'à Paris
Même, j'ai vu, bambin sorti de la layette,
    Mais déjà dans la rue errant:
Tout petit, il est vrai, mais lorsque Lafayette
    De sa gloire était déjà grand!

23 **JUILLET** 1789.

I.

Le jour avait été brûlant, et la soirée
Belle, fraîche, peuplait déjà le boulevart;
Mais la foule, surtout, de bruits neufs altérée,
    Se portait au royal bazard.

Et nos jeunes parens, là tous, comme en famille,
Aspiraient l'avenir : car, à peine dix jours
L'un sur l'autre tombaient, depuis que la Bastille
    Venait de voir tomber ses tours.

Punch et café coulaient sous la tente dressée ;
Mille auditeurs béans entouraient l'escabeau
Où l'orateur, debout, sur la foule pressée
     Tranchait du petit Mirabeau.

Femmes et jeunes gens dont la gaîté rayonne,
Pressaient les rudes mains des villageois charmés ;
Sans uniforme encor, mais du fer de Bayonne,
     De la serpe ou de faulx armés.

Là, gros rire et bons mots roulant en feu de file
A travers tous les rangs mouvans, fixes, assis :
Ici, les vieux flon-flons du malin vaudeville
     Parfois coupant quelques récits

De révolte, de meurtre, et de scènes fatales ;
Et, comme si Paris était là tout entier,
Aucunes qui, je crois, n'étaient pas des vestales,
     Songeant, dans l'ombre, à leur métier.

Tout à coup… Avancez ! prêtez, prêtez l'oreille !
La muse en dira moins qu'un spectacle odieux :
Et que , dans l'avenir, jamais scène pareille
     Ne vienne effaroucher vos yeux !

Tout à coup un bruit sombre impose le silence :
Tel est le ban qui roule au milieu des tombeaux ;
Et je vis, oui je vis, sur le fer d'une lance,
     Un trophée entre deux flambeaux.

Quel cortège … Il n'est plus qu'un son qui retentisse ;
Il n'est plus qu'une voix dont on se sent glacer :
— Laissez , laissez passer la suprême justice
     Du peuple ! laissez la passer !

Et , cent fois par ces mots la foule apostrophée ,
Plus blême que la chaîne aux abords de Toulon ,
Détournait ses regards, car l'horrible trophée ,
     C'était la tête de Foulon.

II.

Sous les parois dorés où son orgueil le cache,
Le ministre d'un roi croit n'avoir qu'une tâche :
Ce n'est que vers un but qu'on le voit se mouvoir.
Tournant sous l'œil du maître, a-t-il jamais de cesse
Qu'il n'ait, ailleurs si fier, assoupli sa bassesse
      Aux exigences du pouvoir ?

Qu'est le peuple pour lui ? Rien qu'une vile plèbe
Que le sort, de tout temps, dut courber à la glèbe,
Cadenasser au banc, et rompre aux durs travaux :
Un troupeau, rien de plus, de qui la curatelle
Passe de pâtre en pâtre, et digne qu'on l'attèle
      Avec le buffle ou des chevaux.

Si du joug qui le blesse un instant se dégage
Le bétail à deux pieds, entendez ce langage :
— Quoi ! des droits de leur maître ils auraient bu l'oubli !
De ces ilotes vils quel est le vain caprice ?
Soldats, volez, chargez ! Que tout tremble ou périsse,
    Et l'ordre sera rétabli.

Que dans les champs ingrats où sa sueur sillonne,
Le peuple, pour la faim dont le dard l'aiguillonne,
N'ait point de pain ? L'Haman n'a rien à redouter.
Vous l'entendrez encor, méprisant et superbe,
S'écrier : — Point de pain ? Eh bien, qu'il broute l'herbe,
    Il est trop heureux de brouter.

N'avez-vous vu jamais l'Excellence insolente,
D'un rostre pollué, laissant, d'une voix lente,
Tomber ces mots : — Leurs cris sont de mauvais aloi ;
C'est de tous les partis un mélange adultère ;
Leur estomac menteur sera prompt à se taire,
    Si la force reste à la loi.

Un jour, tel que l'Etna qui lance au loin ses laves,
Le peuple... ce n'est plus un brut ramas d'esclaves !
Le peuple, autre volcan, soulève la terreur :
Et la lave du peuple est ardente et sinistre ;
Et gare, cent fois gare à l'odieux ministre
      Dont le nom le glaçait d'horreur !

Dans ses terribles mains le tient-il ? sur l'arène,
A longs pas, de chardons le front ceint, il le traîne,
Bâté du foin grossier qu'il livrait à sa faim ;
Enchevêtré d'ortie, et buvant le calice
D'un tenaillant acide, avant-goût du supplice
      Qui ne touche point à sa fin.

Du héros que la France à l'Amérique envie,
Le jeune ami peut-il mettre à couvert ta vie,
Foulon !... nobles efforts, mais efforts superflus !
Un moment indécis, l'implacable cerbère,
Forcené, bave encor, hurle... et le réverbère
      Au lacet vengeur, n'attend plus.

C'est qu'au délit le peuple, appliquant la vengeance,
      Souvent fait fi de la prison;
C'est qu'il n'a pas toujours des verdicts d'indulgence
      Pour le traître et la trahison;
C'est que, tenté long-temps, son désespoir se lasse,
      Et qu'enfin maître de leur sort,
Il traîne, pantelans, les Foulon sur la place,
      Et les juge en dernier ressort.

NOTES.

L'auteur, malgré ses souvenirs, s'est évidemment aidé, dans cette composition, du vingt-unième des tableaux historiques de la révolution française par Chamfort.

Il traîne, pantelans, les Prina sur la place.

Le comte Prina, ministre des finances de Napoléon en Italie, assassiné à Milan, le 20 avril 1814.

... Mais lorsque Lafayette...

On a cru pouvoir rappeler ici la noble conduite de M. de Lafayette, cherchant, par un pieux artifice, à sauver la vie du beau-père de Berthier de Sauvigny, dont l'assassinat offrit quelques circonstances, peut-être plus horribles encore que celui du malheureux Foulon.

Le ministre d'un roi croit n'avoir qu'une tâche.

Les annales monarchiques donnent à cette assertion un démenti formel. Avec de vastes connaissances historiques, il n'est pas impossible de trouver, parmi les premiers commis de la royauté, une demi-douzaine d'honorables exceptions.

LE

DIX-NEUF BRUMAIRE.

※

Per fas et nefas.

※

DIX-NEUF BRUMAIRE.

Amassons la colère et l'horreur que m'inspire
Celui, celui qui dit : mon peuple! mon empire!
Qui des peuples, courbés comme de vils troupeaux,
Tond de ses mains la laine et déchire les peaux,
Et, tirant du bercail les victimes bêlantes,
Abreuve de leur sang ses lèvres pantelantes,
Car leur sang est à lui... Quoi donc? N'est-il pas né
Maître? Et du diadème il serait trépané!

Ou bien , goujat heureux, polluant sa fortune ,
N'a-t-il **pas** écrasé tout ce qui l'importune ?
Quels droits pourraient valoir ses titres ? n'a-t-il pas
Ouvert , à deux battans, les portes du trépas ?
Sur un point cardinal est-il encor des mères
Qu'il n'ait pas inondé de leurs larmes amères ?
L'Etna , le choléra, le sabre ou le canon
Inspirent-ils l'effroi qui s'imprime à son nom ?
L'univers a-t-il vu de géant de sa taille ?
Jamais. Et s'endort-il sur ses champs de bataille ?
Non : il attend le jour dont l'aube a déjà lui :
Or, ce soir, à genoux, serfs ! Vous êtes à lui.

10 **NOVEMBRE** 1799.

—○—

C'était le lendemain du DIX-HUIT ; et, la veille,
Comme ils l'ont épaulé, servi ! C'était merveille !
Sieyès, Ducos, Murat, Talleyrand, Serrurier,
Lannes qui doit un jour frémir d'avoir un maître,
Et Moreau qui ne sait ce qu'il doit se promettre,
    Déjà lui tenaient l'étrier.

Tant d'autres! qui de face ou d'un regard oblique
A ses râles de mort voyant la République,
Désertaient son chevet dans ce grand désarroi ;
Oublieux des sermens que dans sa noble enceinte
Reçut le Champ-de-Mars, quand la liberté sainte
    Proscrivit jusqu'au nom de roi.

Mais si la déïté, veuve d'amis sincères,
Effaçait de ses rangs tous ces turpes faussaires
Qui lassent le pouvoir de leur zèle importun ;
Toujours prompts à changer et de masque et de rôle,
Et prêts à brocanter la foi de leur parole
    Non moins que l'évêque d'Autun :

Elle avait allaité des fils dont le courage
Brava, trop vainement, l'irrésistible orage.
Eux, qui ne doutaient point du salut de l'état :
Eux, qui jugeant d'abord du chêne par l'écorce,
Avaient dit : — Il revient! qu'on fusille ce Corse!
    C'est prévenir un attentat.

C'était vrai. Car du jour où le Nil à la Seine
Le rendait, le jongleur s'emparait de la scène ;
Fixait tous les regards long-temps irrésolus :
Et, jouant le César dont il tenait l'épée ,
Au théâtre il ne vit ni Caton ni Pompée :
       Pompée et Caton n'étaient plus.

Aussi, dès que l'aurore à peine rougissante
Poussait vers l'horizon la brume palissante ,
Tous les acteurs d'hier étaient debout encor.
Le drame allait avoir sa deuxième journée...
Par les ombres du soir la meute détournée,
       Attend, au jour, le bruit du cor.

Et la meute, et chasseurs, et leur chef, tout s'élance...
— Dans Saint-Cloud, ce matin, si le destin balance,
Nous verrons si ton œil pourra s'intimider !
Le dé peut mal servir ton attente lucide !
— Eh bien , il faut alors que le sabre décide ;
       Le sabre doit tout décider.

C'est répondre en héros. Rien de plus juste au monde.
Sur les droits du lion que tout pouvoir se fonde!
Jamais s'est-il agi d'avoir tort ou raison !
Qu'attendez-vous, Delbrel, Bigonnet, Grandmaison ?
En syllogismes vains qu'un niais s'évertue.
La balle à bout portant, ou la lame qui tue ,
Voilà de ces raisons dont il faut être armé!
Voilà des argumens qui jadis m'ont charmé!
Ce que je crains le plus c'est un long bavardage.
Mais aujourd'hui plus calme, et mûr de cœur et d'âge,
Peut-être aimeriez-vous que tout à pile ou croix
Se décidât... Vraiment, ce serait mieux, je crois.

Dites-nous : quand, suivi de sa brutale escorte,
Du conseil des Cinq-Cents il eut franchi la porte ,
L'homme fort avait-il ce regard d'aigle et sûr,
Cet air de quasi-dieu qui glace les profanes,
Et ce ton saccadé qui ravissait Fontanes,
        Regnault et monsieur de Ségur ?

Dites ; quand on le vit plus avant dans la salle,
Sa taille à tous les yeux fut-elle colossalle
Son front révélait-il l'avenir clandestin?
Déjà d'une main vaste englobait-il l'empire ?
Et déjà, calciné d'une soif de vampire,
       Semblait-il l'homme du destin?

Ah ! si vous l'aviez vu ! C'est que jamais l'histoire
Ne dit vrai, si le vrai, comme le jour notoire,
Blesse le despotisme et ses lâches fauteurs;
C'est qu'un tyran jamais, sous ses regards livides ,
Ne voit passer, rampans, tant de laquais avides ,
       Que de faméliques auteurs.

Ah ! si vous l'aviez vu ! l'hiver, sombre , bien sombre ,
La nuit couvre les pas de celui qui dans l'ombre
S'avance, un fer en main, tient l'œil au guet, et tend
L'oreille... et l'assassin, par un triste présage,
Sent des teintes de mort glisser sur son visage ;
       Il sait que le gibet l'attend.

Eh bien ! lui, que déjà tant de renom décore ,
Il était là plus pâle et plus défait encore.
Et quand son nom, suivi de ces cris, retentit :
A bas le dictateur! à bas, à bas le traître!
Le Cromwel, hors la loi!...Dieux grands! qu'il dut paraître,
            Qu'il parut mesquin et petit!

L'être faible et caduc, frappé d'épilepsie,
Succombe, et le scalpel procède à l'autopsie
Du cadavre glacé que l'art tient sous la main.
Grenadiers, arrêtez !... et ce vainqueur d'Arcole,
Le Scarpa que Desault reçut dans son école,
            Boyer pourra l'ouvrir demain.

Mais ils sont accourus, et l'appui que lui prête
Le piquet affidé , vient relever sa tête
Fléchissante ; et vivant, Lefèvre l'entraîna :
Vivant, car dans leurs bras le spectre ressuscite,
Mais comme apercevant encor le noir Cocyte
            Avec le poignard d'Arena.

—Un poignard! Ils étaient armés? Mais, c'est infâme!
Sous la toge, le fer!... — Quel homme, à cœur de femme,
Frappe l'air de ces cris qu'il eût dû retenir!
Oui, du fer. Pourquoi donc ne pas en convenir?
Ils étaient les tribuns de la France; l'excuse,
Les ravale peut-être alors qu'on les accuse.
C'était là que le fer eût rempli son devoir,
Et s'ils n'en avaient point, ils en devaient avoir.
Du timon de l'État lorsqu'un traître s'empare,
L'esclave tend les mains aux chaînes qu'il prépare;
Mais jetant son mépris sur de vaines clameurs,
L'homme libre dira : qu'importe si je meurs!

Lui, doit vivre : il vivra. Ce n'est pas sur le sable
Qu'est tracé du destin l'arrêt ineffaçable.
Eh, n'est-ce pas ce Dieu qui le veut roi, mais qui....
Le trahissant un jour comme sa cour servile,
Dans Sainte-Hélène enfin doit venger Démerville,
        Et satisfaire à Cerrachi?

Cerrachi! Cerrachi! ce Romain que le Tibre
Eût aux jours des Gracchus vu naître et mourir libre!
Qui du Tibre asservi dans Paris accourut,
Disant : — Si mon ciseau reproduit son image,
Je veux d'un fer plus sûr lui rendre un autre hommage!
           Qui le voulait... et qui mourut.

Et pâle de leur sang, demain, sous deux cuirasses,
Le consul entendra sans crainte les Horaces,
En attendant le jour qu'il doit perpétuer :
Le jour où chevauchant encor sur la victoire,
Dans l'Europe tremblante il fera de la gloire,
           Et la gloire, qu'est-ce? tuer.

Que, du Tage à Moscou, sa main large et guerrière
Tienne ouverte, quinze ans, la sanglante barrière :
Sa main, soldats, doit tous vous gorger de ses dons.
Si la faim du condor n'est jamais saturée,
Il vous jette du moins des sceptres pour curée,
           Des majorats et des cordons.

L'épi mur ou naissant tombe sous les faucilles :
Qu'importe?...Si vos sœurs, vos femmes, si vos filles
Gardent la gynécée et le voile importun ?
Si vos mères en deuil et jaunes de souffrance,
Veuves, n'ont plus un fils, douce et frêle espérance,
　　　S'il ne leur en laisse pas un ?

Qu'importe?... Si l'airain, qui surgit en colonne,
Sur des crânes humains par degrés échelonne
Et porte dans les airs la hauteur de son nom :
Si tous les monumens qu'il creuse ou qu'il élève,
Sont, détrempés de sang et pointés par le glaive,
　　　Mastiqués de chair à canon ?

Qu'importe?... Que la voix, le geste, la pensée
Respectent les fureurs d'une rage insensée !
Reculez de son œil notre France en émoi !
Car des traditions qu'il suivit à la piste,
Car d'un maître insolent cet insolent copiste
　　　Répondrait : la France, c'est moi !

6

Oh! si des jeux sanglans jamais tournait la chance,
Il verrait ce qu'il est, ce qu'on est sans la France!
Plus de soleils? Qu'à peine un rais blafard ait lui?
Et vaincu, fugitif, caché dans l'Elysée,
Loin des supports errans de sa gloire brisée,
       Il verra qu'il n'est plus que lui.

O dieux! quand trop de sang jaillit dans nos tempêtes,
Pourquoi ne pas avoir disposé de nos têtes!
Que n'ont-elles suivi dans le fatal panier
La tête de Saint-Just ou celle de Chénier!
Ainsi donc un soldat, sans apprêts, sans étude,
Devait plier nos fronts à tant de servitude!
Ainsi du peuple-roi le vœu déconcerté
Troquait pour un or faux l'or de la liberté!
Anathème sur lui, dès qu'il cesse de croire
Qu'un jour de liberté vaut un siècle de gloire!
Il saura, roi tombé, déplorant son erreur,
Il saura ce que c'est, un jour, qu'un empereur!
Et quand cet empereur, sur la spirale aiguë
Des rocs lointains, boira lentement la cigue,
Ce peuple abâtardi, qu'un despote enchaîna,

Verra de près l'abîme où sa main l'entraîna.

Ah ! sans lui, libre encor, la république altière

D'un million de bras eût armé sa frontière !

Sans lui, jamais quel Dace eût gravé sur l'airain

Qu'un vil ramas de rois avait franchi le Rhin !

Que, piaffant sur leurs pas, des hordes inconnues

Avaient de nos remparts flétri les avenues !

Et que deux fois la Seine, entre ses quais rivaux,

Déshonora son urne aux pieds de leurs chevaux !

Et, par lui fascinés, des bardes en délire

Tourmentent de son nom les cordes de leur lyre !

Et d'un sceptre rompu, tous, sur un même ton,

Rattachent les éclats aux mains d'un avorton !

Fi !... D'un culte plus saint montrez-vous les apôtres,

Poètes ! on ne veut ni de ce nain, ni d'autres.

Si de fantômes vains le peuple s'effraya,

Il doit encor chasser les rois qu'il balaya.

L'avenir est au peuple. — Et l'avenir, qu'explique

Le présent, quel est-il?... Dieux ! que la république

Dote enfin ses enfans de plus mâles vertus !

Un César sera sûr de trouver un Brutus.

Janvier 1832.

NOTES.

. ...Il revient . qu'on fusille ce Corse.

Cette proposition eut lieu dans un comité secret où assistaient Gohier, Moulins, etc. Pour le malheur de la liberté, elle ne fut pas mise à exécution.

Qu'attendez-vous Delbrel, Bigonnet, Grandmaison?

Les membres du conseil des cinq-cents qui, avec Delbrel et quelques autres, s'opposèrent avec le plus de vigueur au guet-apens du dix-neuf brumaire.

..... doit venger Démerville,
Et satisfaire a Cerrachi.

Joseph Arena, Topino-Lebrun, Demerville, Diana et Cerrachi, l'élève et l'émule de Canova, furent arrêtés à l'Opéra le soir de la première représentation des Horaces. Cerrachi avait été chargé de modeler le buste du premier consul.

..... cache dans l'Élysee.

Le palais de l'Élysée, jardin Beaujon, où, après le désastre de Waterloo, se réfugia le vaincu.

La tête de St.-Just.

La justice de l'histoire se fera jour pour St.-Just comme pour d'autres.

VANNI.

Et j'en reçois ce prix! je l'ai bien mérité!

RACINE.

Vanni.

———o———

Je ne sais quel attrait malgré moi me ramène
Vers le golfe aux doux bords, poétique domaine,
Où la brusque rafale et ma barque à vau-l'eau
Me jetèrent un soir chez Thomas Aniello.
Sombre et désenchanté, le présent se replie
Sur les vieux souvenirs dont notre ame est remplie.
Chaque jour, et souvent jusque dans mon sommeil,
Je vois Gênes surgir à l'horizon vermeil :

J'y reste peu ; la cloche, à l'ordre du pilote
Me rapelle, et déjà le Sully nous balotte,
Par la vapeur ardente et le nord-est chassé,
De l'un à l'autre cap à son tour dépassé.
Livourne! Civita Vecchia! si près de Rome,
Et suivre à vol d'oiseau sa route! ou passer, comme
Le rapide courrier qui, bride et fouet en main,
Galope, insoucieux, jusqu'au bout du chemin !
Et bientôt Nettuno ! Terracine ! Gaete !
Les verts bois d'orangers! les temples que reflète,
Aux versans de Baïa, le flot pur et poli!
Et puis là, devant vous, Napoli! Napoli!

18 JANVIER 1799.

La pluie, à flots! et la nuit sombre,
Déployant son large manteau,
Allait encourtiner dans l'ombre
Le ciel, le golfe et Sorrento,
Lorsqu'un homme, un vieillard, peut-être....
Il en portait la robe... un prêtre

Toucha le seuil de la villa
Qui, du penchant de la colline,
En amphithéâtre s'ncline
Jusqu'aux flots mourans. — Oui, c'est là,

Dit-il, osons frapper, osons... Sa main tremblante
Agitait le marteau... Mais qu'une porte est lente
A tourner sur ses gonds, à s'ouvrir pour celui
Qui vient, pâle, inquiet; et qui sent dans ses veines
Le froid, et cette peur que d'espérances vaines
      Un rayon décevant n'ait lui!

Aussi le suppliant, malgré que l'air humide
Le glaçât, n'exhalait que d'une voix timide
Ces mots entrecoupés : — Tout m'oppresse et me nuit!
On ne me répond pas! Ah! par miséricorde,
Noble Contesina, par pitié, qu'on m'accorde
      Un refuge pour cette nuit!

L'huis alors fut ouvert, et la camérière
Aux blancs cheveux, lui dit : — Madame attend son frère,
Padre; mais voulez-vous quelques intans la voir?
Vous le pouvez : passez dans la salle voisine,
J'ai déjà prévenu la jeune Contésine,
    Elle est prête à vous recevoir.

Et l'étranger entra dans le salon : retraite
Voluptueuse et tiède, où pour celui qu'on traite
En secret, tête à tête, avec un soin chéri
Tout était préparé, fruits et vins, douce chère !
Peut-être c'est ainsi que l'on attend un frère,
    Mais pas, du moins, pas un mari.

— « *Padre mio,* pardon !... et la jeune comtesse
Empreint sa molle voix d'un accent de tristesse...
— Pardon, *padre mio !* quel souci m'occupait !
On vous a fait attendre, et la nuit est bien noire !
Mais une femme craint... et puis, devais-je croire
    Qu'un *frate* à ma porte frappait?

Vous ne serez pas seul ici long-temps ; j'espère
Qu'avec... lui... je l'attends... vous souperez, mon père.
Don Giorgini sera flatté de ce bonheur ;
Et lorsque vous voudrez terminer la soirée,
Anna vous conduira dans la chambre moirée,
     Car c'est l'appartement d'honneur.

Le *frate* répondit : — « J'ai besoin d'un asile,
N'importe ; et ne me sens nulle faim. En Sicile
J'aurrais voulu passer... J'ai subi leurs refus.
Comtesse, un coin obscur ! celui qui vous implore,
Demain, je le promets, laissez le jour éclore,
     Ne demandera rien de plus. »

    Et comme de ces mots à peine
    Le dernier était prononcé,
    Une clé fit jouer le pêne,...
    Il entrait sans être annoncé :
    Giorgini, lui-même ; à cet âge
    Qui de l'amour tient en partage

Ces fleurs qui n'ont que deux instans;
Un beau fils, à moustache noire,
A taille svelte, aux dents d'ivoire,
Et fier comme on l'est à vingt ans.

— Nous sommes trois! dit-il; mais sur la robe grise
Du frate, ramenant un regard de surprise,
Il retrouva sans peine un souvenir banni;
Et, comme si la mort eût apparu vivante,
Soudain il recula de deux pas... — D'épouvante ?
          Non, mais d'horreur. — « Vanni! Vanni! »

Quand l'horrible triangle, après vingt mois funèbres,
Du cou de Robespierre eût scindé les vertèbres,
Si quelque juge errant de l'affreux tribunal
Eût passé sous vos yeux : si le sort, à cette heure
De la nuit, eût poussé jusqu'en votre demeure
          Fouquier-Tainville ou Coffinhal,

Quel cri n'auriez-vous pas jeté! — «Vanni! ce traître!
Ce brigand de la Junte, oser ici paraître!
On reconnaît un monstre à des signes certains,
Comtesse; et cet habit d'emprunt, et cette robe
De moine, à vos regards, est-ce qu'elle dérobe
      Le bourreau des Napolitains,

L'assassin de mon père?» Et sa main, sa main vide
Cherchait ce qui manquait à son espoir avide.
Ah! devrait-on jamais marcher sans un poignard!
La peine au pied nabot est si lente! elle arrive,
Quand le crime souvent touche à la sombre rive,
      Et toujours elle vient trop tard.

   Mais ce juge qu'Acton, l'homme que Caroline,
Médicis sans vergogne, atroce Messaline,
Celui qu'avec Baldi, celui qu'avec Ruffo,
Une hyène chargea du sanglant ministère
D'étancher une soif que rien ne désaltère,
      Vanni dit : j'ai ce qu'il te faut.

Et le fin moine alors, hors d'une large manche
Retirait un stylet... dont il tendit le manche,
Ajoutant : — prends-le donc ! que peux-tu me ravir ?
La vie ? oh ! dur fardeau, plus pesant qu'on ne pense !
Déjà mon dévouement tient d'eux sa récompense,
        Et me tuer, c'est me servir.

La pitié, don du ciel, même pour un infâme
Qui suinte à froid le crime, entre au cœur d'une femme :
Et la femme qu'on aime est un être divin,
De grâces, de bonté, d'amour noble mélange,
Qui ne tient pas du tout de l'homme, mais de l'ange,
        Et qui jamais n'implore en vain.

— « Bianca ! ma sœur ! charme suprème,
    Doux parfum de mes plus beaux jours !
    A ta voix, la Madona même
    Arrive-t-elle à son secours ?
    Cette voix incisive et tendre,
    Sans être ému, qui peut l'entendre !

                                7

Qu'il vive, qu'il se cache ici!
Mais viens, et laissons lui ce glaive :
Viens, que pour nous le jour se lève
Dans mon casin de Portici! »

Et Giorgini, calmé, prenant le bras de celle
Qu'il appelait sa sœur, marcha vers la nacelle
Que deux rameurs gardaient et qui l'attendait là :
Tandis que sans répondre, atonisé, plus pâle
Qu'un giaour, que Byron dans ses rèves empale,
      Vanni restait dans la villa.

Mânes saints des proscrits qu'en sa rage sinistre
A torturés, quatre ans, le servile ministre
Des vengeances sans nom de la femme d'un roi :
Dans ces heures de nuit qu'un noir crêpe a couvertes,
Vos tombes, devant lui, se sont-elles ouvertes,
      Et lui, tomba-t-il mort d'effroi?

Quand le jour, échanson qui verse à pleine tasse,
Pointa ses rais dorés sur le berceau du Tasse,
Anna vint, et ne vit qu'un cadavre glacé.
La salle, doux refuge, où , pour la douce orgie,
L'amour... d'épais grumeaux la salle était rougie,
   Et près du mort était placé

  Ce billet :

   « De ma mort qu'on n'accuse personne.
    « Cour perfide ! maîtres ingrats !
    » Si mon heure suprême sonne,
    » Il me reste un fer et ce bras.
   » C'est assez. Vanni cède à d'effrayans présages ;
   » Mais de ses ennemis il trompe le courroux :
    » Inquisiteurs, soyez plus sages,
    » Et par sa mort instruisez-vous. »

Non, ils n'apprendront rien. Laissez courir l'année.
A bien d'autres horreurs Naples est condamnée.
La reine, Acton, Emma, le vainqueur d'Aboukir,
Naples doit les revoir guidés par un fakir.

Ils rentrent. — Guerre à moit, et sus, à toute outrance,
Au relaps abreuvé des poisons de la France,
Qui, la honte et l'effroi du sol qui l'a porté,
Aurait osé répondre au cri de liberté !...
Et, sur l'ordre royal, la triste Parthénope
Passe dans les réseaux dont la mort l'enveloppe.
Ses plus dignes enfans, enchaînés deux à deux,
Tombent sous la mitraille, ou le gibet hideux
Les attend. Et comment, auréolés de gloire,
Leurs noms viendraient-ils tous s'offrir à ma mémoire!
Russo, Ruvo, Baffi, Palomba, Cassano,
Mantoni, Conforti, Cirillo. Pagano,
Pagano !... de Baia la vague épouvantée
Roula, sous l'œil d'un roi, la tête ensanglantée
Du vieux Carracioli, car son lâche assassin,
Nelson lui refusait deux balles dans le sein ;
Et ce ne fut pas tout encor.... La corde infâme
Serra d'une double nœud le cou de cette femme
A qui talens, beauté, vertus, rien ne manqua,
Comme à notre Rolland, de cette Fonseca,
Qui, près de l'échafaud, le regard en extase,
Rêvait peut-être encor l'amour de Métastase ;
Et, parmi ces bouchers, un prêtre, de ses mains,
De ses dents, triturait...—Quoi?...—Des lambeaux humains!

Et durant ces hauts faits où cent bandits, complices
D'un pouvoir infernal, variaient les supplices;
Égorgeant, étranglant, relevant le bourreau,
Et, niais, procédant contre San Gennaro,
Deux catins... c'est le mot; le courroux qui s'allume,
N'efface point le mot qui surgit de la plume....
Oui, deux catins voilaient, seins et flancs adaptés,
Sous des vapeurs de sang d'immondes voluptés;
Et l'imbécille roi... Non, jamais en partage,
Bêtise ou cruauté ne fault à l'héritage
Royal.... Le Ferdinand, parmi quelques valets,
Sur les eaux d'Ischia promenait ses filets :
Ou bien, de Portici laissant la cour déserte,
Ses chiens, ses courtisans le suivaient à Caserte,
Et l'un d'eux lui disait : — Spéciale! celui-là,
Sire, vaut Vanni même... et Castelcicala.

Février 1832

NOTES.

. . En Sicile
J'aurais voulu passer... J'ai subi leurs refus.

Vanni avait demandé à la reine de lui faire accorder, par
grâce, une place sur le vaisseau qui transporta la cour à
Palerme, mais Caroline s'y refusa durement. Ce refus dé-
termina la résolution dernière de Vanni.

..... Vanni! Vanni!

Vanni, Guido-Baldi, Fabrizio Ruffo, le trio de la Junte,
aux ordres de Marie-Caroline, reine de Naples, et d'Acton,
son premier ministre, et quelque chose de plus.

Pointa ses rais dorés sur le berceau du Tasse .

Sorrento, patrie de Torquato Tasso.

... Ce billet...

Le billet de Vanni est littéralement historique.

La reine, Acton, Emma, le vainqueur d'Aboukir,
Naples doit les revoir.....

Emma Lionna, femme de lord Hamilton, de l'amiral
Nelson, et de cent autres, avant et après.

..... Guides par un faquir.

Le cardinal Ruffo. Il avait commencé par soulever les
Calabres aidé des bandes de Proni, de Sciarpa et de Fra-
Diavolo, nobles soutiens de la cause royale.

Russo,.... Pagano !....

Voyez la biographie de tous ces hommes généreux, la plu-
part illustres, et tous pendus ou décapités.

..... la tête ensanglantée
De Carracioli.

Nelson voulut que François Carracioli fût pendu au grand
mât de la *Minerve*, et son cadavre jeté à la mer; le vieux amiral avait imploré vainement la grâce de *mourir en soldat*.

.... Un prêtre, de ses mains,
De ses dents, triturait....

On entassait les hommes sur les bûchers où l'on mangeait

leurs chairs palpitantes... Un prêtre se vantait d'avoir mangé de la chair de républicain rôtie.

BOTTA, *Hist. d'Italie.*

Et, niais, procédant contre San Gennaro.

Saint-Janvier fut dégradé comme Jacobin, et Saint-Antoine déclaré solennellement protecteur de Naples.

Id.

Et l'un d'eux lui disait :

Grammaticalement, on ne sait pas si c'est le chien ou le courtisan, *qui disait.* L'intelligence du lecteur y suppléera.

Note d'un Académicien.

.... Speciale!

Le héros, avec Fiori, Damiani, Sambuci, etc. des juges-bouchers de Naples, successeurs de Vanni et de ses collègues.

....et Castelcicala.

Ou Fabrizio Ruffo, l'associé de Guidobaldi et de Vanni, et l'ambassadeur éternel de la cour de Naples à la cour des Tuileries.

Fabrizio Ruffo, prince Castelcicala, est mort deux mois après que cette composition était hors des mains de l'auteur. On avait toujours eu l'espoir qu'il ne mourrait pas du *Choléra.*

TRANSITION.

✻

C'estoit la destinee.

Montaigne.

Le sentier de nos jours n'est vert qu'en le montant.

Alph. de Lamartine.

✻

TRANSITION.

Ce n'est pas quand le fleuve, oublieux de sa source,
Après mille détours semble alentir sa course,
  Et va se perdre au sein des mers ;
Ce n'est pas quand, au bout d'une longue carrière,
Moribond, le duvet est plus dur que la pierre,
  Et que tous les sucs sont amers.

Ce n'est pas , même, alors qu'à l'heure accoutumée
Vous ne respirez plus de brise parfumée ,
      Plus de fleurs, fragiles trésors;
Pas, surtout, quand le jour a passé comme un songe,
Et, qu'au soir, vous savez que tout n'est que mensonge;
      Non, oh! non, ce n'est point alors.

Mais, quand jeune et bouillant, et l'ame dévorée
De la vapeur de feu, qu'une femme adorée
      Émane de ses yeux divins :
Détaché de ses bras, palpitant, hors d'haleine,
Sur l'arabe aux crins noirs, vous courez chez Baleine
      Ou Véri, boire tous les vins :

Mais, quand à deux saints noms, toujours pleins de magie,
Du cœur d'un vieux romain vous sentez l'énergie,
      Et le sang plus chaud à courir :
Heureux, brillant et fier , repoussez un vain leurre!
Demain serait trop tard... prenez; saisissez l'heure...
      Oui, c'est alors qu'il faut mourir.

Oh! que ne suis-je mort tout jeune, et quand ma route
Se parsemait des fleurs qu'un doux printemps veloute!
       Avant que l'aconit rongeur,
Fétide, se mêlât à la rose fanée,
Et que, du jour au mois, et du mois à l'année,
       Las, se traînât le voyageur!

Mort!... avant que sénile et blême de souffrance,
J'eusse à cacher mon deuil sous le deuil de la France!
       Mort!... avant que, dans ses taudis
Noirs, un peuple râlant, et que la faim tenaille,
A la chance qu'un roi se case, ou qu'il s'en aille,
       Préférât deux maravédis.

Mort!... avant qu'à l'étable, à côté de leurs maîtres,
Ce vorace bétail de ventrus et de traîtres,
       Gorgé d'or, se vautrât goulé....
Et que les sons nouveaux que vous allez entendre,
De ce luth indigné, mais trop pénible à tendre,
       A flots amers eussent coulé!

NOTES.

Sur l'Arabe aux poils noirs vous courez chez Balcine
Ou Véri, boire tous les vins.

Deux noms autrefois classiques chez les gastronomes de
bonne maison.

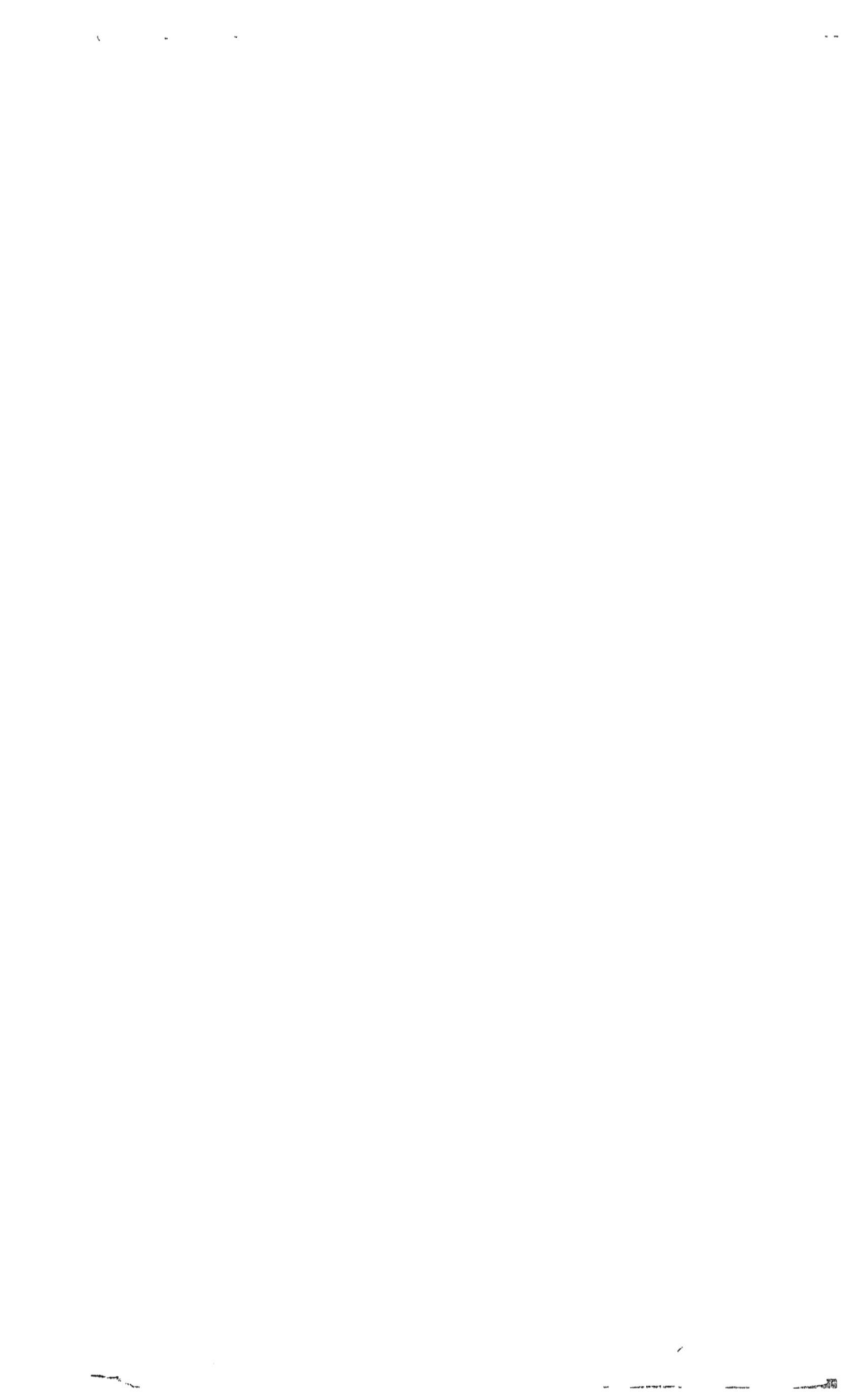

Jacqueline.

※

C'est une femme! eh bien , qu'on porte pour enseigne
Aux yeux de tout Paris, ce cadavre qui saigne!

BARTHÉLEMY.

※

JACQUELINE.

Des larmes et des cris de femme !
Des sanglots ! d'amères douleurs !
Et plantez ici l'oriflamme
Qui rayonne des trois couleurs !
Fils de Juillet, maigres squelettes,
Semez ici les violettes !
Et sur ce tertre toujours frais
De pleurs et de l'eau qui l'arrose,
Qu'un jour le parfum de la rose
Se mêle à l'ombre des cyprès !

I.

— « Lève-toi! lève-toi! dit-elle ; à la fenêtre
    Vois-tu pointer ces deux rayons ?
Depuis une heure au moins le jour aura dû naître :
    Vous levez-vous, monsieur? voyons !

N'es-tu donc pas content? » Et du lit élancée,
    Enlevant couverture et draps,
Rieuse, elle trompait l'amoureuse pensée
    De celui qui tendait les bras

Encor...Car Jacqueline était piquante !... et faite,
    Avec dix—neuf ans, tout au plus,
Au moule des houris fraîches , que le prophète
    Tient en réserve à ses élus.

— « Sacristi ! c'est assez. Tiens ! l'ai—je dit? la foule
    Se précipite des faubourgs :
Je vois le tricolore et le patapan roule...
    Es-tu sourd au chant des tambours? »

— « En retard ! mille dieux ! le sabre et de la poudre !
    Criait le pressier brave et fier :
En retard ! aujourd'hui nous en allons découdre ,
    Comme hier et mieux qu'avant-hier. »

Et des grossiers habits , qu'il a pris à la hâte,
    En deux fois moins de temps vêtu
Qu'un dandy n'en mettrait à nouer sa cravate ,
    Il lui dit : — « Toi, pourquoi viens-tu?

Pourquoi ne pas rester avec la vieille mère?
    Qui veillera sur notre André?
Passe , si nous allions ce matin chez le maire ,
    Ou devant monsieur le curé.

Tu resteras. » — « Vraiment! mais c'est une ordonnance ,
    Mon maître , que ce dernier mot!
Et je m'en... n'est-il plus de pucelles en France?
    Ma mère aura soin du marmot;

Descendons !... » Bonnet rond, et friponne de mine,
    Tablier à peine attaché ,
Sous la nacre du sein que voilait Jacqueline ,
    Un cœur d'homme était là caché. »

II.

Ne me parlez jamais de deux champs de bataille
Où, presque égaux de cœur, et de force et de taille,
Cent mille hommes s'en vont froidement s'égorger.
S'égorger! — Si jaloux d'un fleuron de couronne,
Deux vauriens leur ont dit : — Soldats, l'orgueil du trône,
      C'est à vous de le protéger !

Eux à l'écart, tandis que la lutte homicide
De leurs gladiateurs , s'acharne et se décide :
Eux, dans ces jeux à mort, tels que banquiers peureux
Sous deux guichets , trouvant, à leurs ordres dociles,
De nos jours, trouvant prêts encor des imbécilles
      A ponter et tailler pour eux !

Ne m'en parlez jamais! car rien ne légitime
Cette lice où chacun est boucher ou victime :
Abattoir, où dressé par l'orgueil des tyrans,
Français, Russes, Anglais, des hommes, et tous frères!
Pour de vains intérêts qui ne les touchent guères,
        Ensemble tombent expirans.

Mais, quand un cri, pointé contre la tyrannie,
S'élève, répondez, toute pâleur bannie :
Répondez en écho, c'est un sacré devoir!
Oh! quand le *Moniteur* eut ouvert ses colonnes
Aux bâtards des Dubois, des Meaupous, des Calonnes,
        C'était Paris qu'il fallait voir.

Champollion nouveau, quel besoin de descendre
Sur des bords oubliés? d'aller cherchant la cendre
De Thèbe ou de Memphis, large et désert tombeau!
Ou, plus près, d'explorer dans Rome ou dans Athènes,
Sur des débris menteurs des gloires incertaines!
        Paris! Paris! rien de plus beau!

Rien de plus beau, ces jours de mémoire éternelle
Où l'ange, autre Michel, prit Paris sous son aile,
Quand les fils du Travail, des femmes, des enfans,
Par une triple attaque anoblissant la Grève,
Virent dix corps armés demandant grâce et trève
   A leurs bras nus, mais triomphans.

   Des larmes et des cris de femme!
   Des sanglots? d'amères douleurs!
   Et plantez ici l'oriflamme
   Qui rayonne des trois couleurs!
   Fils de Juillet, maigres squelettes,
   Semez ici les violettes!
   Et sur ce tertre toujours frais
   De pleurs et de l'eau qui l'arrose,
   Qu'un jour le parfum de la rose
   Se mêle à l'ombre des cyprès!

III.

Avez-vous eu peur que j'oublie,
Dans leurs rangs passant à travers,
L'héroïne brune et jolie
Dont le nom couronne mes vers?
Oh! si d'Arioste ou du Tasse
Un seul instant j'avais l'audace,
Et le charme de leurs accords!
Quoique sans fer, ni javeline,
Et sans deux cuissarts, Jaqueline
Échapperait aux sombres bords.

Sous la grêle épaisse de balles
Se croisant avec les pavés;
Sur le sol qui n'a plus pour dalles
Que des débris, de sang lavés :
Partout où le blessé chancelle,
Toute part où le sang ruisselle,
Qui donc porte un si prompt secours?
Bien que sans fer, ni javeline,
Et sans l'armet, c'est Jacqueline,
C'est elle que l'on voit toujours.

Pauvérine! dans la mêlée,
C'est lui... lui qui vient de tomber...
Ah! sur lui, pâle, échevelée,
Pourquoi, plaintive, te courber!
Que te sert? espérances vaines!
La mort a coulé dans ses veines;
Le plomb a brisé tous ses vœux...
Mais toi, d'un noble sang rougie,
Tu peux du bonnet de Phrygie
Couvrir le jais de tes cheveux

Voilà la Liberté . c'est elle-même ! et telle
Que surgit à leurs yeux la brillante immortelle,
Quand nos pères charmés , sous un autre Juillet,
A nu de leurs tyrans eurent vu la faiblesse ;
Et que l'égoût reçut de vains titres , noblesse
      Que le chiffonnier balayait...

      Non , non , ce n'est que son image,
      Car la déesse , au large flanc ,
      Eût dit : — « Il me faut en hommage,
      Comme autrefois , un autre sang.
      Enfans ! élargissez la scène ;
      Descendez les flots de la Seine ,
      C'est plus bas qu'il faut vous ruer :
      Et si quelqu'un , dans son audace ,
      Cria : *sur eux donnez en masse !*
      C'est ce bandit qu'il faut tuer !

      Le sang qui coule dans les veines
      Du peuple , est seul pur et sacré.

L'enfer n'a point assez de peines,
De tourmens pour l'être abhorré,
Qui, dans ses projets sanguinaires,
Pour quelques droits imaginaires,
Voudrait que son courroux vengeur
D'un homme ne laissât point l'ombre
Dans ce Paris, vaste décombre
Qui tromperait le voyageur. »

Houra! houra! Le peuple est vainqueur, et doit l'être,
Quand ses rangs épurés n'alignent point de traître :
Car, et plus fier que l'aigle, ardent de puberté,
On le voit, brisant l'air, au pas de charge, fondre
Sur l'ennemi glacé, bientôt prompt à répondre
          Lui-même, au cri de liberté.

Mais! quel guerdon de sa victoire
Le peuple doit-il recevoir!
Nul d'entre vous n'eût pu le croire,
Dans neuf jours vous dûtes le voir.

Mêmes destins! peut-être pires!
Dans le guet-apens de vampires,
A leur profit, bâclant des rois:
Et dont la soif arse et funeste
Aspire et boit le sang qui reste
Aux vainqueurs, honteux de leurs croix.

Sœur du peuple, obscure héroïne,
Prends ton lot parmi ces héros ;
Puisque, aussi trouvant ta poitrine,
La balle a fracassé tes os.
Sur ce brancard puisqu'on te porte,
Ta mère ira de porte en porte
Dire : — « Ils sont morts sur vos pavés!
Et déjà la faim qui me presse
A mis, hélas! dans ma détresse,
Leur enfant... aux Enfans-Trouvés. »

Des pleurs d'hommes ! des cris de femme !
Des regrets ! de longues douleurs !

Mais arrivez sans l'oriflamme
Où blémissent les trois couleurs.
Venez, braves sans épaulettes,
Semer ici les violettes !
C'est près du cippe toujours frais
De pleurs et de l'eau qui l'arrose,
Que naîtra le nard de la rose,
Sous l'ombre pâle des cyprès.

Mars 1832.

9

NOTES.

... Car Jacqueline était jolie, et faite....

Nous ne sommes pas certains que ce nom obscur soit historique.

Note des éditeurs.

Où l'ange, autre Michel....

Saint–Michel, ancien protecteur de la France.

Quand les fils du Travail....

Le Travail, fils de l'Érèbe et de la Nuit, à ce que dit M. l'abbé Noel.

Note d'un classique.

A leur profit, bâclant des rois.

Le *bâclant* appartient à l'honorable M. de Cormenin.

LE NEUF AOUT.

Un grand villain entre eulx eslurent.

Roman de la Rose.

Non unquam credite Teucris.

VIRG.

LE NEUF AOUT.

J'ai dû ne plus tourner mes regards en arrière ,
D'un passé, déjà vieux, déserter la carrière ,
Laisser dans leurs cercueils grands hommes ou pervers
Tièdes , ou dès long-temps la pâture des vers;
Et sur nos sales jours, cholérisés de crimes,
Verser à flots hardis l'âpreté de mes rimes.
Qu'hebdomadairement les fils de Saint-Simon
Alongent sur la paix les trois points d'un sermon :

Comme éveillés au bruit du fifre ou des cymbales,
D'autres veulent un sabre et demandent des balles.
Oh ! si d'un jour nouveau le pur rayon brillait,
Ils convertiraient mieux, ces braves de Juillet,
Même en marchant au pas, le fusil sur l'épaule,
Que le père Enfantin ou qu'un François de Paule.
Mais, dans le livre saint, ces mots dorment tracés :
Lâches seront les bras, et tous les cœurs glacés.

I.

Dans la Sierra, vers Nice, ou près de Terracine,
Parfois, de braves gens une troupe assassine
S'approche, à pas de loups, et l'espingolle en main.
La mule d'arbalète est soudain abattue;
          En un clin d'œil on pille, on tue...
C'est le droit des bandits, maîtres d'un grand chemin.

De Tunis ou Maroc gardant les us antiques,
De vrais croyans s'en vont aux flots adriatiques,
Le khandjar au côté, confier leurs haubans;
Et de leurs brigantins, plus légers que la brise,
Fond le grappin... Pour eux tout est de bonne prise. .
      C'est aussi le droit des forbans.

C'est le droit du plus fort : mais sur mer, mais sur terre,
Eux courent une chance; et souvent dans leur guerre
De brigands, il est vrai, leur courage a paru.
Ceux-là, ceux qui. rentrant en arc leurs seins concaves,
      Tendaient le dos, ou dans leurs caves
Restaient blotis, dit-on quel risque ils ont couru?

Et pourtant, quand le peuple aux vastes destinées,
Eut vu le lendemain des trois grandes journées,
Et de son corps d'acier leur eut fait un rempart :
Volant de bas en haut, comme autant de harpies,
Ils vinrent, demandant, de leurs serres impies
      Quelle devait être la part.

Sans qu'un vernis de honte eût coulé sur leur joue,
Parut à nu l'égout de leurs âmes de boue ;
Et , les caillots encor engluant nos pavés,
Affamés d'or, d'honneurs , de croix , de laticlaves,
     Comme en un vil bazar d'esclaves,
Ces félons vendaient ceux qui les avaient sauvés !

Eh bien, leur impudence alla plus loin encore !
Hâves, de peur crispés, leur pâleur se décore
Du reflet rayonnant des hommes aux grands cœurs ;
Et l'un d'eux , le premier que le pouvoir enchaîne,
Osa dire : — A nos fronts les verts rameaux du chêne !
     C'est nous qui sommes les vainqueurs !

Qui vous, couards ! vous, tissus de fibres vermoulues !
Effrontés !... Les vainqueurs aux poitrines velues ,
Aux fronts zébrés de poudre, aux deux bras tatoués ,
Les vainqueurs !... Vous avez filouté leur victoire !
     Et vous venez , escrocs de gloire ,
Les rabougrir à vous, qui les avez joués !

Oh! quand ces preux du peuple, aussi grands que leurs pères,
Sans-culottes nouveaux, forçaient dans leurs repaires
Les soldats d'un niais, digne de Charenton,
Fallut-il que le sort, pour étoiler la fête,
Le sort, rude et jaloux, ne mît point à leur tête
      Un autre Carnot ou Danton!

Ou Carnot, ou Danton, de cette voix qui passe
Au lointain avenir, eût crié : — De l'audace!
Oui, de l'audace encor! de l'audace toujours!
Le sang de nos martyrs, tiède encor dans leur tombe,
      Veut-il que la France retombe
Aux mains d'un nouveau maître et de quelques pandours!

Et ces mâles accens, ce cri d'une grande âme
Eût vibré dans les cœurs que la déesse enflamme.
Ces pantins à tous vents, métis cuivrés d'effroi,
Seraient cachés encore ou réduits à se taire;
Et d'un peuple aggrandi quel lâche mandataire
      Eût fait troc d'un roi... pour un roi?

II.

Lorsque sur l'écueil de Brumaire
Le peuple aux caprices flottans,
Eût vu de sa nef éphémère
Se briser mâts et cabestans,
Comme pétri pour l'esclavage,
Il dit : — Nous touchons le rivage,
Enfin nous voici dans le port !
Repliez, amenez la voile !
C'est assez pour nous de l'étoile,
De l'étoile de l'Homme fort !

Et quand des fourgons des Cosaques
Surgirent des nains inconnus,
Imprégnant ses neuves casaques
Des couleurs des derniers venus,
Ce peuple encor : — Il vient d'éclore ,
L'heureux jour! Le ciel qu'on implore ,
On ne l'implore pas en vain :
Une puissance surhumaine,
Mieux qu'Alexandre , nous ramène
A nos maîtres de droit divin !

Quinze ans de turpitude et quinze ans de délire
Vous offraient deux leçons où vous auriez pu lire.
De vos yeux le bandeau quand sera-t-il ôté?
Vous vouliez donc, cédant à la voix de vos sages ,
        Savoir, par trois apprentissages,
Ce qu'est un roi, savoir ce qu'est la royauté?

Vous le savez... Combien de mois, de jours et d'heures
Mesura le soleil , de ses douze demeures

Trempant au sein des mers ses rayons éclipsés,
Avant qu'instruit à fond, nouvel Israélite,
Ce peuple ait pu répondre aux habiles d'élite :
        Aujourd'hui nous sommes fixés ?

    L'étiez-vous bien, alors que, souple et prompt à feindre,
Souriant, on pressait vos cals... encore à craindre ?
Tandis qu'on vous disait : — c'est un républicain ?
Il servit dans vos rangs ! De ce roi, de ce père,
        Datera l'hégire prospère ..
L'épiderme d'un roi cache-t-il un requin ?

Et puis, si les nouveaux Tristans du nouveau maître
Vous montraient comme on tient tout ce qu'on dut promettre;
Du programme normal déchirant le feuillet;
Versant à flots infects le marc de leurs doctrines;
Embrigadant le meurtre, et contre vos poitrines
        Tournant les sabres de Juillet :

Et puis, si, de concert, sans ame ni vergogne,
Ils n'envoyaient pas même un courrier en Pologne!...
La Pologne tombant, et pour elle, et pour nous!
Plus avant, s'il se peut, corrodant l'infamie,
        S'ils faisaient la France, l'amie
D'un Cosaque... en voûtant la France à ses genoux :

Et puis... où peut aller leur horrible morale!
De tout peuple aux abois s'ils contemplaient le râle,
Turlupins à la glace! Et, dans leur cercle étroit,
Comme un reptile vil dans ses nœuds se replie,
Croassant : — Que nous font l'Espagne et l'Italie?
        Chacun chez soi, chacun son droit !

Qu'en diriez-vous?... Un jour, sur les chaises curules,
Où se voulaient clouer ces Solons à férules,
Vos yeux ont pu tourner leurs orbites surpris :
Eux aussi, leur bassesse eût fait rougir Villèle,
        S'il avait pu couver de l'aile
Des vôtans, à prix fait, pour la paix à tout prix.

Et quand d'une chambre flétrie
Nos longs cris les auront chassés,
De vendre ou trahir la patrie,
Croyez-vous qu'ils seront lassés?
Jugez les mieux sur leurs prémices :
Attendez que, loin des comices,
Comme à huis clos, entr'eux élus,
Ils reviennent, et que leur vote
Demande au pouvoir qui les dote,
Ce qu'il peut demander de plus.

De la Seine aux bords de l'Isère
Quel vil spectacle nous offrons !
Un peuple amaigri de misère,
Et saturé de mille affronts !
Et du nord au sud de la France,
Même opprobre, même souffrance !
Qu'ont servi trois jours de combats?
Élevés si haut par la gloire,
Non, l'avenir ne pourra croire
Que nous sommes tombés si bas !

10

II.

Ainsi que le prophète, ainsi que la sybille,
Le poète jamais ne repose immobile;
Sur un trépied muet il ne vient point s'asseoir.
      L'horizon, obscur au profane,
      A ses yeux s'étend, diaphane,
      Et le matin, il voit le soir.

      Voyez dans le fleuve des âges
      L'an qui fuit se précipiter,
      Et sur de sinistres présages
      Vous n'aurez plus à méditer.

Déjà, déjà sur votre tête
Gronde le nord de la tempête.
Plus prompt que l'aile des vautours,
Sur son aile immense il apporte,
Hurlante et sombre, la cohorte
Qui de Paris a vu les tours.

Indignes bâtards! tourbe immonde!
Quoi, vous, plus de cœurs! plus de bras!
Vos pères, grands comme le monde,
N'ont donc nourri que des castrats!
Onagres vils, dont l'apathie
Tend la croupe au bois qui châtie!
Atrophiés par leur NEUF AOUT!
Se parquant dans leurs casemates,
Et prêts à subir les stigmates
Qu'inflige la schlague et le knout!

                              Mars 1832.

NOTES.

Qu'hebdomadairement les fils de Saint-Simon...

Le gouvernement n'avait pas encore pris d'assaut la salle Taitbout.

Lâches seront les bras, et tous les cœurs glaces...
Ésaïe, 13—7.

A nos fronts les verts rameaux du chêne !

Calomnie de l'auteur. L'avocat Dupin n'a pas perdu son temps à demander des couronnes civiques.
Note des éditeurs.

.... De l'audace !

Il faut de l'audace, encore de l'audace, toujours de l'audace.
Paroles sublimes de Danton.

Ils n'envoyaient pas même un courrier en Pologne.

On n'a pas changé une syllabe à l'expression historique de ce douloureux et sanglant reproche.

L'Avenir.

A LA SOCIÉTÉ

des Amis du Peuple.

✳

Fiso guardando pur, che l'alba nasca.

DANTE.

L'AVENIR.

—◦—

I.

Ils m'ont dit : — « Frère, où s'est tournée
La trace de tes pas errans,
Depuis que la triple journée
Nous laissa vainqueurs ou mourans ?
Loin des bords de Seine ou de Loire,
Peux-tu méconnaître la gloire

Que nos pavés ont vu surgir ?
Nos palmes furent éphémères,
Mais les vieux époux de nos mères
De nos fils n'ont point à rougir.

Trahis, vendus par des infâmes,
D'un espoir impie enivrés,
Comme des enfans ou des femmes,
Tu dis que nous serons livrés ?
Tu dis que châtrés, race immonde
De pères, grands comme le monde,
Nos pères nous désavoûront ;
Car, blotis dans nos casemates,
Nous tendrons le dos aux stigmates
Des Russes, quand ils accourront.

Qu'ils viennent !... Trop loin de nous, frère,
Tes regards sont hallucinés.
Jamais de l'aigle à forte serre
De lâches hibous ne sont nés.

Pour sortir de l'ignoble arène
Où leur gonfalon nous entraîne,
Nos fronts n'ont-ils plus leur couleur?
Ces bras te semblent-ils étiques?
Va, pour des accens prophétiques
Tu pris la voix de ta douleur. »

II.

J'accepte ce langage, et vieilli de mes larmes,
A l'aube qui va luire enfin j'entends : aux armes !
Aux armes !... J'en conviens, ma peine m'offusquait.
La race des héros n'est point abâtardie,
Puisque je vois leur main hardie
Prête à sauter sur le mousquet.

De la poudre et du plomb! surtout des baïonnettes!
Du Rhin, avant deux mois, que les plages soient nettes!
Que la vieille Italie, aux blanchâtres remparts,
Sous vos pas de géants déroule encor ses plaines,
    Iapix viendra de ses haleines
Balayer du Germain les ossemens épars.

Les rois veulent la guerre?... Il la faut donc, mais telle,
Qu'enfin entr'eux et nous la guerre soit mortelle :
Entre nous et les rois que tout soit décidé.
Au cri de liberté le lâche seul s'arrête;
En avant! Que les rois aient joué trône et tête,
    Leur tête sur un coup de dé!

Des arts, des douces mœurs élargissent la sphère,
Croit-on que des Français aient pu songer à faire
De l'Europe sanglante un immense échafaud?
Pour ces peuples amis, qu'un dur pouvoir enchaîne,
    Qui de nous peut mûrir la haine?
    C'est un autre sang qu'il nous faut.

Et ce sang, ce sang même, à leurs veines adustes
Le demanderait-on, si plus sages, plus justes,
Et non, comme un vil *gang*, en secret concerté,
Ils ne songeaient, matés d'une folle espérance,
    A couper en lambeaux la France,
Notre France, à jamais veuve de liberté?

Plus grand que Jéhovah, vainqueur du Capitole,
Un nouveau Dieu nous ceint d'une invisible étole.
C'est la dernière fois qu'il veut des sabres nus.
Plus haut que Christ, il dit : Tous les peuples sont frères ;
Atômes passagers, plus d'intérêts contraires !
    Que les jours de paix soient venus !

Dieu juge ! si tu dois jeter dans la balance
La France et sa bannière, un Calmouk et sa lance,
Tu sais du quel des deux doit pencher le bassin.
Et si... lueur horrible à l'enfer échappée !
    Si notre mère était frappée,
    Notre mère, à la joue, au sein !...

Clouez, clouez les ais funèbres !
Je ne veux prêtres ni flambeaux ;
Cette nuit, au sein des ténèbres,
Qu'on m'étende entre deux tombeaux.
Ma place est–là... Près de leur cendre
Si je fus trop lent à descendre,
Des braves j'enviais le sort :
Je m'attache à leur gloire insigne,
Et poète, comme le cygne,
Je chante mon hymne de mort.

Au noir banquet des morts c'est assez d'un convive :
Qu'un barde inconnu meure et que la France vive !

Penché sur les bords du torrent,
Je vois la vague qui s'écoule :
Est–ce l'avenir que déroule
Le dernier regard d'un mourant ?

III.

Ce haro que jeta Camille
Et Girondins aux lèvres d'or,
Sur la France, vaste famille,
Ce cri doit retentir encor.
Debout! debout! en sentinelle!
L'ange l'apporte sur son aile
Agitant déjà vos cimiers :
Parmi vous l'attente est pareille,
Mais quels de vous, à fine oreille,
Doivent répondre les premiers!

Tous, d'une voix... écho sublime
D'un peuple qui reprend ses droits;
Qui voit que le temps de sa lime
A rongé le siège des rois;
Qui dit : le ciel même s'explique,
Les rois s'en vont; la république
Allaite seule de grands cœurs;
Des hommes forts, à haute taille,
Qu'on ne trouve au jour de bataille,
Ni vaincus, ni morts, mais vainqueurs.

Le peuple, brisant les lanières
Qui l'ont si long-temps garotté,
A-t-il écrit sur ses bannières,
Plus de rois, plus de royauté?
Noble France, douce patrie,
Qu'une tête basse et flétrie
Se courbe sous l'infâme arceau!
Étincelant, ton front révèle
Que la république nouvelle
Couve des Hoche et des Marceau.

11

Au noir banquet des morts c'est assez d'un convive :
Qu'un barde inconnu meure et que la France vive !

Penché sur les bords du torrent,
Je vois les vagues fugitives,
Mais sans que des notes plaintives
Echappent au luth d'un mourant.

IV.

Non, jamais sur ses doux rivages,
Notre Méandre, fleuve roi,
Ne verra des hordes sauvages
Le glaçant de honte et d'effroi.
Si le sort a pu le permettre,
C'est que le peuple avait un maître;
Sans maître, jamais ce lion
Neût vu sa royale crinière
En de viles mains prisonnière,
Comme le fut Napoléon.

Aux regards du *Voyant* quand l'avenir se dore,
  Chantez, amis, frères, chantez!
Et par vos jeunes sœurs, fleurs d'un jour qu'on adore,
  Qu'en chœur vos chants soient répétés!

  Dans les frais vallons de l'Attique,
  Sous la nef des bois verdoyans
  Que la ceinture adriatique
  Entoure de nœuds ondoyans;
  Aux murs que la Tamise arrose;
  Aux champs plus heureux où la rose
  Fleurit parmi les doux accords;
  A Gènes, en Andalousie,
  Qui peut armer la jalousie
  Des vierges, l'orgueil de nos bords!

  L'artiste, en les voyant si belles,
A leur grâce qu'ailleurs jamais il ne trouva,
L'artiste ému demande ou le pinceau d'Apelles,
  Ou le ciseau de Canova.

Eh, comme l'aquilon qui broie
Des roses, filles du matin,
Un vil Baskir ferait d'elles sa proie,
Et coudrait sa peau rude à leur peau de satin!

Au noir banquet des morts c'est assez d'un convive;
Qu'un barde inconnu meure et que la France vive!

Penché sur les bords du torrent,
Je vois la vague qui s'écoule;
Et c'est l'avenir que déroule
Le dernier regard d'un mourant.

Monumens que Rome et la Grèce
A la France auraient enviés,
Rayonnez aux jours d'allégresse,
Le temps doit blanchir à vos piés.
Arcs, théâtres, temples, musées,
Jamais sur vos pierres brisées

Ne doit rouler le flot d'oubli :
Paris, Frères, soyez sans crainte,
Paris, comme Tyr ou Corinthe,
Ne peut tomber enseveli.

Aux regards du *Voyant* quand l'avenir se dore,
Chantez, frères, amis, chantez !
Et par vos jeunes sœurs, fleurs tendres qu'on adore,
Qu'en chœur vos chants soient répétés !

Toujours notre mère immortelle,
La France doit voir ses enfans,
Chargés d'une noble tutelle,
Par la paix même triomphans.
Laissez, laissez dormir la foudre !
Il ne faut ni sabre ni poudre.
Le monde a sur vous ses regards :
Sans coup férir, comme l'apôtre,
Vous porterez d'un pôle à l'autre
Vos lois, et vos mœurs, et vos arts.

Au noir banquet des morts c'est assez d'un convive ;
Qu'un barde inconnu meure et que la France vive !

Je ne veux prêtres ni flambeaux ;
Préparez les voiles funèbres !
Cette nuit, au sein des ténèbres,
Qu'on m'étende entre deux tombeaux.
Tombeaux sacrés !... Près de leur cendre
Si je fus trop lent à descendre ,
Des braves j'enviais le sort ;
Je m'attache à leur gloire insigne ,
Car, poète, comme le cygne,
J'ai chanté mon hymne de mort

Avril 1832.

NOTES.

Et non comme un vil gang, en secret concerté.

Gang, mot anglais, qui renvoie au dictionnaire de Boyer ou à tout autre lexique.

Ce haro que jeta Camille
Et Girondins...

On a comparé les Girondins aux doctrinaires. Il n'y avait point de motif à diffamer les Girondins.

ÉPILOGUE.

✼

Però se alcuna volta io..... canto,
Facciol peichè non hò se non quest'una
Via da sfogare il mio angoscioso pianto.
                              MACHIAV...

✼

EPILOGUE.

.

Je suivais le réseau que la parque me file
Aux prosaïques bords où naquit Théophile ;
Où Secondat venait , échappé de Paris ,
S'imbiber de grains d'or qu'octobre avait mûris ,
Mais où tout va parlant de labours, de prairies ,
De terres en rapport , de grasses métairies ,
De vins et de tabacs , quatorze heures par jour...
Canaan devait être un terrible séjour !
   Et pourtant, quand , frappé d'une atteinte mortelle,
       Un long deuil, là , m'eut amené ,

D'abord, je m'étais dit : pour moi, la paix n'est-elle
        Que dans le val où je suis né ?
Ma mère est là qui dort... vers le lit de ma mère
        Me glissant entre deux cyprès,
Je vins le même soir, et ma douleur amère
        Se pencha sur elle, tout près,
Tout près ; et je parlai : — Si ton œil bleu s'irrite
        Des jours aigus que je te fis,
Errant et vagabond ! ma mère, Marguerite,
        Voudras-tu répondre à ton fils ?

Près de mes ceps dorés la terre était légère :
        Pouvait-elle ne l'être pas
A celle qui, longeant sa route passagère,
        A faux ne fît jamais un pas ?
A celle qui, fuyant ce monde et ses ruines,
        Envers l'autre prenant l'essor,
Gazait, malgré le temps, sous des formes divines,
        Une ame plus divine encor ?
La terre était légère... et comme sans leurs voiles
        Voltigent les enfans du ciel,
Une voix m'apporta, sous l'azur des étoiles,
        L'absinthe où je cherchais le miel.

— « C'est toi, mon fils, c'est toi que le sort me ramène ;
Â C'est toi, je ne m'abuse point !
Toi, l'œil creux, le poil long, fantôme à face humaine,
Â Sous le deuil de ce vieux pourpoint !
Idole de mes jours, que mon amour vit naître,
Â Dans l'état où je te revoi,
Ta pauvre mère seule a dû te reconnaître,
Â Et te dire : c'est toi ! c'est toi ! »

De mes yeux enflammés, alors brûlante, amère,
Une larme tomba sur le lit de ma mère.

Â Â — « Hélas ! lorsque j'allais priant
Â Â Le ciel, priant, d'une ame ardente,
Â Â Qu'il suivît ta course imprudente,
Â Â Et qu'il te vît d'un front riant :
Quand je disais : Seigneur, que de prières vaines
Â Ne vous apportent point mes vœux !
Sur moi, Seigneur, sur moi versez toutes les peines,
Â Mais ne cendrez point ses cheveux !

Triste fruit de mes flancs , qu'allaita ma tendresse ,
Faut-il que mon œil stupéfait
Ne doive ton retour qu'à l'amas de détresse
Qu'un ciel implacable t'a fait? »

Et plus brûlante encore, encore et plus amère ,
Une larme tomba sur le lit de ma mère.

Et plus près encor me courbant,
Car se taisait la voix , mumurante et plaintive ,
Je crus pouvoir répondre : — Oui , ma mère , j'arrive ;
C'est moi que tu revois à mon soleil tombant.
Mais si le deuil est mon partage ,
Si, plus que par les ans de ma peine affaissé ,
Je viens , je ne tends pas la main sur l'héritage
Que m'a laissé mon père et que tu m'as laissé.
Plus malheureux , cent fois, dans mon angoisse morne ,
Ma mère , plus à plaindre enfin
Que si , pauvre , j'avais, m'adossant à la borne ,
Bramé la soif , râlé la faim. »

Alors, sous les cyprès où ma douleur retombe ,
Comme un dernier soupir s'en va ,
Par deux fois j'entendis s'exhaler de la tombe
Ce cri : Jehovah ! Jehovah !

Et le cœur en lambeaux , je repris : — Marguerite...
Permets encor ce nom si doux
Dont je te caressais, quand ma mère petite
Me berçait entre ses genoux...
Marguerite, dis-moi, puisqu'enfin, d'heure en heure,
Je vais où je devrais courir,
Car, une mère meurt... mais un père ! ça pleure !
Ça pleure ! et ne sait point mourir !
Dis-moi, s'il faut ici qu'un jour ma place s'ouvre ;
Dis, s'il faut, près de toi dormant près de tes sœurs,
Que la même terre me couvre ,
Qui couvre mes prédécesseurs.

En vain j'interrogeai, dans mes plaintes brisées ,
Ma mère par son plus doux nom :
Tout se tut ; mais des ifs les têtes alizées
Semblaient, murmurant, dire : non.

12

Allons, dis-je, à pas lents m'éloignant de la pierre
         Où nul mot menteur n'est écrit,
En attendant la nuit tardive à ma paupière,
         Vaguons encor comme un proscrit.
Adieu, ma mère, adieu!... Mais où vais-je? n'importe!
         Comment fuirais-je tant d'émoi,
Quand toujours sur l'esquif ou l'essieu qui me porte,
Ma peine arrhe sa place et fait route avec moi!
         Ainsi que la feuille arrachée
         De l'orme ou du tremble mouvant,
Ainsi, traînant la flèche à mon flanc attachée,
         Je m'en allais au gré du vent :
Et le vent du midi me prenant sur son aile,
         De Marseille, où je dus venir,
J'arrivais dans les murs de la ville éternelle,
         Toujours chers à mon souvenir.
Souffle vain! nos projets, c'est le vent qui se joue.
         Loin du Tibre un Français banni,
Doit rester dans la geôle où son malheur le cloue...
         C'est le vouloir d'un... Albani.

Au pavillon des airs, cherchant une autre étoile,
         Je portai l'œil, et je me dis
Encor : Tournons la proue, et dirigeons ma voile
         Vers Barcelonne et sur Cadix.

Levons l'ancre ! J'irai voir Séville et Grenade
        Qui s'étend sous l'Albaycin :
La nuit, l'air frais et pur, la molle sérénade
        Coulent l'hydromel dans le sein.

Souffle vain ! nos projets, c'est le vent qui se joue.
        Un Français, sur le continent,
Doit rester dans la geôle où son destin le cloue...
        C'est le vouloir d'un... Ferdinand !
    Or donc, le dieu cruel, qui toujours m'accompagne,
Ferme à mes vœux errans l'Italie et l'Espagne !
        Il me repousse dans Paris !
Et tout poudreux encor, gravissant la colline
        De l'Est, à travers ces débris,
Je cours, d'un pied qui bronche et d'un front qui s'incline
        A mes chairs, à mes os meurtris.

— Loin d'ici, malheureux ! loin ! va-t'en ! cette tombe,
Veut-elle aussi des pleurs, des cris en hécatombe ?

        — Eh ! bien, j'y porte le remords....
Et le remords est saint! et le remords expie !

Ici je ne viens pas, à froid comme l'impie,
　　Troubler les arcanes des morts.
Non, oh! non.... Je suis-là... Quand mon œil terne plonge
　　Sous le marbre aimé de mon deuil,
Je suis là, côte à côte, et le ver qui la ronge,
　　S'acharne à moi dans son cercueil.
Pitié! pitié!... Si loin des deux bords de la Seine
　　Je transplantais mes derniers jours,
Comme le condamné qu'un dernier coup assène,
　　Je n'ai point trouvé de recours.
En pouvais-je trouver, l'espérance bannie?
　　Aussi, nul guide et sans flambeau,
Lorsque, chauve et glacé de verve et de génie,
　　Je pris un luth sur ce tombeau :
Loin de plier ma peine aux lois de l'harmonie,
　　Conservant une âpre fierté,
Je cherchais des hourra contre la tyrannie,
　　Et des chants pour la liberté.

　　　　　　　Père la Chaise, avril 1832.

NOTES.

> . .. Où naquit Théophile.

Théophile Viand

Où Secondat venait...

Montesquieu, propriétaire du château de Vivens : voyez ses lettres à l'abbé Venuti.

> Que la même terre me couvre,
> Qui couvre mes prédécesseurs.

Ces deux vers sont de Théophile.

> Ainsi le veut un... Albani.

Un jour on se demandera ce que c'était qu'un cardinal Albani. Il n'est pas certain que l'histoire le dise.

> C'est le vouloir d'un Ferdinand.

L'histoire parlera trop de Ferdinand VII, roi d'Espagne, par la grâce de Dieu, et...

TABLE.

FIN DE LA TABLE.

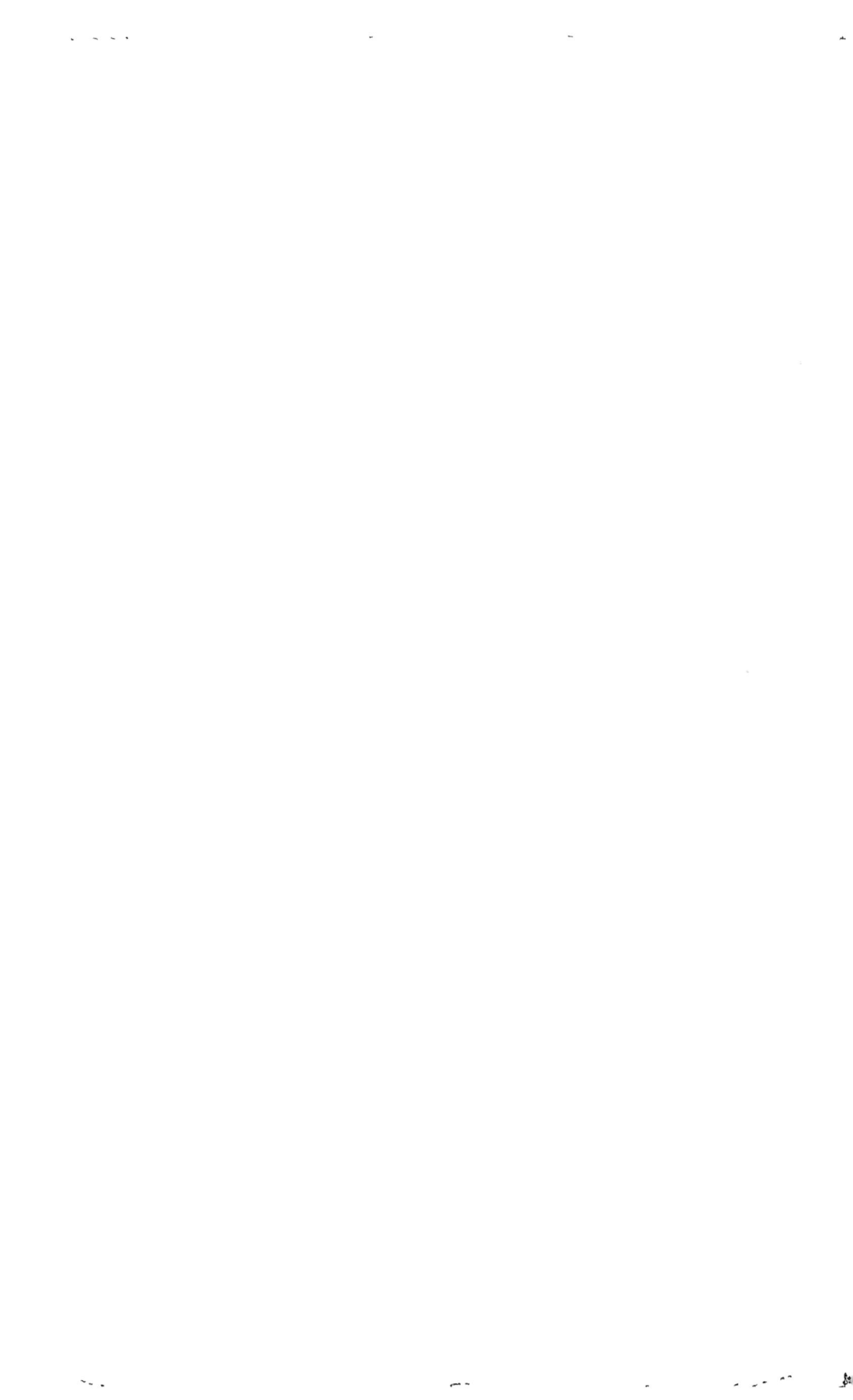

www.ingramcontent.com/pod-product-compliance
Lightning Source LLC
Chambersburg PA
CBHW070404090426
42733CB00009B/1529